C.H.BECK WISSEN

Mit ihren Revolutionen haben sich die Deutschen in der Vergangenheit schwer getan. Das gilt auch für die Revolution von 1918/19 und ihre Bewertung. Am Anfang des revolutionären Geschehens standen der Matrosenaufstand in Kiel und der Staatsumsturz im November 1918, an ihrem Ende die blutige Niederwerfung der Münchner Räterepublik Anfang Mai 1919, die Unterzeichnung des Friedensvertrages von Versailles am 28. Juni und die Verabschiedung der Weimarer Reichsverfassung am 31. Juli. Volker Ullrich schildert mit souveräner Kennerschaft Ursprung und Verlauf der Revolution und geht zugleich der zentralen Frage nach, inwieweit die Konstellation von 1918/19 das katastrophale Scheitern der Weimarer Republik 1930 bis 1933 bereits in sich barg.

Volker Ullrich, Dr. phil., Dr. h.c., ist Historiker und ZEIT-Autor. Er ist durch zahlreiche Beiträge zur Geschichte des Ersten Weltkriegs und der Revolution von 1918/19 ausgewiesen. Große Beachtung hat auch seine zweibändige Hitler-Biographie (2013/2018) gefunden. Bei C.H.Beck ist zuletzt von ihm erschienen: *Das erhabene Ungeheuer. Napoleon und andere historische Reportagen* (bsr 1774), 2008.

Volker Ullrich

DIE REVOLUTION VON 1918/19

Verlag C.H.Beck

Die 1. Auflage dieses Buches erschien 2009.

2., durchgesehene Auflage. 2018

Originalausgabe

Satz, Druck und Bindung: Druckerei C.H.Beck, Nördlingen
Umschlagabbildung: Privatsammlung/Archives Charmet/
Bridgeman Images (Nr. 212457)
Umschlagentwurf: Uwe Göbel, München
Printed in Germany
ISBN 978 3 406 73257 7

www.chbeck.de

Inhalt

Einleitung

Als «die größte aller Revolutionen» feierte Theodor Wolff, der Chefredakteur des liberalen «Berliner Tageblatts», in einem Leitartikel vom 10. November 1918 den Sturz der Hohenzollernherrschaft am Tag zuvor. In seinen 1936 im französischen Exil geschriebenen Erinnerungen zeigte er sich hingegen stark ernüchtert: «Bei Berührung mit diesem Ereignis verflüchtigt sich aus der Sprache des Chronisten gewissermaßen jedes Atom einer pathetischen Substanz.» Mit dem Wandel seines Urteils stand der prominente Journalist nicht allein da, denn dieses Urteil entsprach dem Prozess der Verdrängung und Umwertung der Revolution, der schon bald nach 1919 eingesetzt hatte. In der Rückschau erschienen die umwälzenden Ereignisse des November 1918 in immer grellerem Licht. Mit dieser Revolution mochte sich kaum mehr jemand identifizieren, nicht einmal die Sozialdemokraten, die von der politischen Rechten und später den Nationalsozialisten als «Novemberverbrecher» diffamiert wurden. So wurde der November 1918 nicht zum Gründungsmythos der Weimarer Republik, und in ihrer Schlussphase, erst recht nach ihrem Scheitern, verstärkten sich die Zweifel, ob das, was sich in ihrer Geburtsstunde zugetragen hatte, überhaupt den Namen einer Revolution verdiente.

Diese Sicht auf die Revolution von 1918/19 änderte sich nach 1945 grundlegend. Die führenden Repräsentanten der Sozialdemokratie wurden vom NS-Stigma der «Novemberverbrecher» befreit. Gleichzeitig hieß es, für ihren Kurs der scharfen Abgrenzung nach links und der engen Zusammenarbeit mit den alten Eliten des Kaiserreichs habe es keine Alternative gegeben, denn andernfalls wäre Deutschland ins Fahrwasser des «Bolschewismus» geraten. Diese Deutung, die ganz im Zeichen einer antikommunistisch ausgerichteten Geschichtspolitik stand, fasste Karl Dietrich Erdmann 1955 so zusammen: entweder «die soziale Revolution im Bündnis mit den auf eine proletarische Diktatur hindrängenden Kräften oder die parlamentarische Republik im Bündnis mit den konservativen Kräften wie dem alten Offizierskorps».

Erdmanns These erlangte in der westdeutschen Geschichtswissenschaft der 50er Jahre nahezu kanonische Bedeutung, während in der offiziellen Geschichtskultur der DDR, anknüpfend an die Polemik der KPD in der Weimarer Republik, ein Bild der Novemberrevolution gepflegt wurde, in dem die vermeintlich verpassten Chancen für eine grundlegende sozialistische Umgestaltung der Gesellschaft hervortraten. Der SPD-Führung wurde in diesem Zusammenhang «Verrat» an den Interessen der Arbeiterklasse vorgeworfen. An diesem Bild sollte sich auch in den folgenden Jahrzehnten wenig ändern. Die DDR feierte sich selbst als den deutschen Staat, in dem «das Vermächtnis der Novemberrevolution verwirklicht» worden sei.

In der Bundesrepublik aber setzte in den frühen 60er Jahren mit dem Ende der Adenauer-Ära und den damit einhergehenden Veränderungen des politischen Klimas eine Revision ein. Erdmanns Deutung wurde nun aufgegeben zugunsten der These von einer «Offenheit» der Situation, die den verantwortlichen Politikern einen relativ großen Handlungs- und Entscheidungsspielraum geboten habe. In diesem Zusammenhang rückten Eberhard Kolb (1962) und Peter von Oertzen (1963) die Rätebewegung in den Mittelpunkt des wissenschaftlichen Interesses – und mit ihr die Frage nach den versäumten Chancen einer durchgreifenden Demokratisierung des Obrigkeitsstaates. Die Räte, vordem als Werkzeuge des «Bolschewismus» verdächtigt, erschienen jetzt als Träger eines «radikaldemokratischen Potentials», das, wäre es genutzt worden, der Republik von Weimar zu größerer Stabilität hätte verhelfen können. Scharfe Kritik richtete sich an die Adresse der SPD-Volksbeauftragten, weil sie es versäumt hätten, sich dieses Potenzial zunutze zu machen.

Das neue Bild der Revolution beherrschte die Forschungsdiskussion auch der folgenden Jahrzehnte, doch seit den späten 70er Jahren wurden daran einige Korrekturen vorgenommen. Von einer romantisierenden Überhöhung der Rätebewegung, wie sie im Gefolge der Studentenbewegung von 1968 im Schwange war, ist man längst abgerückt. Die Räte wurden nicht mehr daran gemessen, was sie hätten sein sollen, sondern was sie tatsächlich waren, und da zeigte sich, dass die meisten, jedenfalls in der ersten Phase der Revolution, weder radikaldemokratisch noch gar revolutionär waren, sondern sich eher als der verlängerte Arm der Sozialdemokratie und der Gewerkschaften verstanden und ihre Aufgabe vornehmlich in der Sicherung von «Ruhe und Ordnung» erblickten. Mit der Entmythologisierung der Räte verbunden war eine deutliche Abschwächung der Kritik an der SPD-Führung. Ihr wurde nicht mehr vorgeworfen, dass sie mit den Vertretern des alten Regimes zusammengearbeitet, sondern dass sie diese Zusammenarbeit über das unbedingt notwendige Maß hinaus betrieben habe. Heinrich August Winkler hat diese gleichsam gezähmte Kritik an den SPD-Volksbeauftragten in seinen wegweisenden Arbeiten auf die Formel gebracht: «Die Sozialdemokraten hätten bei stärkerem Gestaltungswillen mehr verändern können und weniger bewahren müssen.»

Nachdem sich die Forschungen zunächst auf die Brennpunkte des revolutionären Geschehens in den Metropolen und Industriegebieten konzentriert hatten, rückten seit den 80er Jahren auch die agrarischen Regionen und die Provinz ins Blickfeld. Eine Fülle von regional- und lokalgeschichtlichen Untersuchungen hat das Bild ergänzt und zum Teil differenziert, an den grundlegenden Erkenntnissen aber nichts mehr verändert.

Der frühe Begriff «Novemberrevolution» ist mittlerweile preisgegeben worden, weil er die Perspektive zu sehr auf den bloßen Vorgang des Staatsumsturzes im November 1918 reduziert hat. Dieser bildete jedoch nicht den Abschluss, sondern den Auftakt des revolutionären Geschehens, das sich über mehrere Monate erstreckte und zwei Phasen durchlief: eine erste, die von der Bildung der Arbeiter- und Soldatenräte Anfang November 1918 bis zur Niederschlagung des Berliner Januaraufstands und den Wahlen zur Nationalversammlung am 19. Januar 1919 reichte; eine zweite, die durch eine Radikalisierung der revolutionären Bewegung gekennzeichnet war und mit der

Niederwerfung der Münchner Räterepublik Anfang Mai 1919, der Unterzeichnung des Versailler Friedensvertrages am 28. Juni und der Verabschiedung der Weimarer Reichsverfassung durch die Nationalversammlung am 31. Juli endete. Der heute übliche Begriff «Die Revolution von 1918/19» trägt dem Charakter dieses Prozesses Rechnung. Gelegentlich unternommene Versuche, dem noch eine dritte Revolutionsphase vom Sommer 1919 bis zum Kapp-Putsch im März 1920 hinzuzufügen, können kaum überzeugen, weil diese Phase bereits deutlich im Zeichen der Gegenrevolution stand.

Der hier nur kurz umrissene Gang der Forschung zeigt, dass die Revolution von 1918/19 bis heute ein Politikum geblieben ist, auch wenn das Interesse, verglichen mit früheren Jahrzehnten, nachgelassen hat: Es ist, wie Reinhard Rürup schon 1993 konstatierte, «insgesamt eher still um die Revolutionsgeschichte geworden». Im Wandel der Deutungen lassen sich jeweils Verschiebungen im gesellschaftlichen Klima der Bundesrepublik und im politischen Kategoriensystem der Historiker ausmachen. Eine Frage allerdings hat die Revolutionsforschung durch alle ihre Phasen begleitet: Inwieweit nämlich die Gründungskonstellation von 1918/19 das katastrophale Scheitern der Weimarer Republik 1930 bis 1933 bereits in sich barg. Vielleicht kann diese Überblicksdarstellung dazu beitragen, auch auf diese Frage eine Antwort zu geben.

I. Die Vorgeschichte der Revolution

1. Die Revolutionierung der wilhelminischen Gesellschaft im Ersten Weltkrieg

Am 9. November 1918, dem Tag, als die Revolution die Reichshauptstadt Berlin erreichte, notierte Thomas Mann in sein Tagebuch: «Alles in Allem habe ich ziemlich kaltes und nicht weiter unwilliges Blut. Revolutionen kommen erst, wenn sie gar keinen Widerstand mehr finden (auch bei dieser war es so) und eben dieses Fehlen beweist, daß sie natürlich und berechtigt sind. Die alten Machthaber sind im Grunde froh, ihre Macht, die keine mehr war, los zu sein, und es ist zuzugeben, daß ihre Autorität der Lage, wie sie ist und demnächst sein wird, nicht gewachsen gewesen wäre. Überhaupt sehe ich den Ereignissen mit ziemlicher Heiterkeit und einer gewissen Sympathie zu. Die Bereinigung und Erfrischung der politischen Atmosphäre ist schließlich gut und wohlthätig.»

So entspannt wie der in München lebende Schriftsteller reagierten nur die wenigsten Zeitgenossen auf die umwälzenden Ereignisse der ersten Novembertage 1918. Im Gegenteil: Für die meisten brach damals eine Welt zusammen, so auch für den Schriftsteller Gerhart Hauptmann: «Das Ungeheure ist zur Tatsache geworden», schrieb er ebenfalls am 9. November. «Die Bahn Wilhelms II., dieses eitlen, überheblichen, fleißigen Monarchen ist beendet.» Und Harry Graf Kessler, der Kunstmäzen und Diplomat, bemerkte: «Mir griff es doch an die Gurgel, dieses Ende des Hohenzollernhauses; so kläglich, so nebensächlich: nicht einmal Mittelpunkt der Ereignisse.» Den 9. November nannte er einen «der denkwürdigsten, furchtbarsten Tage der deutschen Geschichte».

So plötzlich, wie viele meinten, war die Revolution jedoch keineswegs ausgebrochen, und es hatte auch mehr als nur eines Anlaufs bedurft, um die scheinbar so festgefügte Bastion der

Hohenzollernherrschaft zu schleifen. Die Umwälzung vom November 1918 war nicht nur eine unmittelbare Folge der militärischen Niederlage und der dadurch ausgelösten Schockreaktion in der deutschen Bevölkerung; vielmehr war sie seit Langem in einem Prozess kumulativer Radikalisierung im Schoße der wilhelminischen Gesellschaft herangereift. Unter der Hülle des «Burgfriedens» hatten sich seit August 1914 die gesellschaftlichen Spannungen außerordentlich verschärft. Hauptursache waren die schweren Belastungen, die der Krieg der großen Mehrheit der Bevölkerung aufbürdete. Nicht nur Arbeiter, sondern auch Angestellte und Beamte mussten eine bedeutende Verschlechterung ihres Lebensstandards hinnehmen. Die Einkommen konnten mit der raschen Verteuerung aller lebensnotwendigen Güter, vor allem der Nahrungsmittel, nicht Schritt halten. Die Reallöhne sanken im Schnitt weit unter Vorkriegsniveau. Gleichzeitig wurden Arbeitszeiten verlängert und – besonders in den Rüstungsbetrieben – Schutzbestimmungen außer Kraft gesetzt. Die Erbitterung darüber entlud sich seit 1916 in einer wachsenden Zahl «wilder» Streiks – «wild» deshalb, weil die Gewerkschaftsleitungen seit Kriegsbeginn auf alle Arbeitsniederlegungen verzichtet hatten und die Streikenden von dieser Seite weder mit moralischer noch finanzieller Unterstützung rechnen konnten.

Neben der Verteuerung bildete die zunehmende Knappheit der Lebensmittel eine Quelle ständiger Unzufriedenheit. Vor dem Krieg hatte das Deutsche Reich 20 Prozent seiner Lebensmittel importiert; die alliierte Wirtschaftsblockade schränkte die Zufuhren stark ein. Verschärft wurde die Mangelsituation allerdings durch die Unfähigkeit der Behörden, eine halbwegs gerechte Verteilung sicherzustellen. Unter den anhaltenden Versorgungsschwierigkeiten hatten vor allem Frauen der unteren Bevölkerungsschichten zu leiden. Seit Ende 1915/Anfang 1916 gehörten Schlangen vor den Lebensmittelgeschäften zum Alltagsbild vieler Großstädte. «Es herrscht hierbei eine äußerst gereizte Stimmung unter diesen Proletarierfrauen, und die Maßnahmen der Regierung erfahren häufig eine recht gehässige Kritik», beobachtete ein Berliner Polizist Ende September 1915.

Nicht selten wurden «Lebensmittelpolonaisen» zum Ausgangspunkt von Hungerrevolten: Frauen und Jugendliche demonstrierten für «Frieden und Brot», stürmten Rathäuser und plünderten Geschäfte. Gegen solche Proteste gingen Polizeibeamte oft mit übertriebener Härte vor, was wiederum den Zorn der hungernden Menschen steigerte. Über den ersten großen Hungerkrawall auf dem Münchner Marienplatz im Juni 1916 schrieb ein Augenzeuge, der Anarchist Erich Mühsam, in sein Tagebuch: «Die Polizisten hatten blank gezogen und ritten jetzt, nach allen Seiten schlagend, über den Platz. Man hörte Schreie von Verwundeten, namenlose Wutäußerungen: Pfui! Sauhunde! Preußenknechte! Helden! Auf Weiber und Kinder habt ihr Mut! Pfui! Pfui!»

Die ersten Äußerungen der Unzufriedenheit und des Aufbegehrens waren noch bestimmt durch ökonomische Beschwernisse, mochte dahinter auch bereits das Verlangen nach Frieden als Grundmotiv erkennbar sein. Mit zunehmender Dauer des Krieges verbanden sich Missstimmung über die materielle Not und Kriegsmüdigkeit mit Ressentiments gegen die Privilegierten und Herrschenden, mit sozialer Kritik und politischem Protest. Eine wesentliche Rolle spielte dabei der immer schlimmere Auswüchse annehmende «Schleichhandel». Kolonnen von Großstädtern durchkämmten an Wochenenden die ländlichen Gebiete, um die schmalen Rationen, die über Karten zu bekommen waren, aufzubessern. Große Erbitterung löste es jedes Mal aus, wenn Polizeibeamte den kleinen «Hamsterern» die mühsam erworbenen Lebensmittel abnahmen, während die Großspekulanten und erwerbsmäßigen Schieber ungeschoren davonkamen. Der größte Teil der auf dem Schwarzmarkt gehandelten Waren landete in den Vorratskellern der Vermögenden. So hatte der «Schleichhandel» eine die Klassengegensätze zugleich enthüllende und verschärfende Funktion. «Alles wird für die Reichen, für die Besitzenden reserviert. Sobald es heißt, Entbehrungen mitmachen zu müssen, dann wollen die Herrschaften keine Brüder und Schwestern mehr von der arbeitenden Klasse sein. Die schönen Reden vom Durchhalten gelten nur für die arbeitende Klasse, die herrschende Klasse hat sich mit ihrem

Geldsack schon genügend versorgt», empörte sich eine Hamburger Arbeiterin im Winter 1916/17, der als «Steckrübenwinter» in die Geschichtsbücher eingegangen ist.

Noch zermürbender als Hunger und Mangel in der «Heimat» wirkte die Erfahrung des massenhaften Sterbens an den Fronten. Von der Begeisterung der Augusttage 1914 war gerade hier bald nichts mehr zu spüren. An die Stelle des idealistisch gestimmten Kriegsfreiwilligen trat der desillusionierte, harte Frontkämpfer, für den das Töten zur mechanischen Pflichterfüllung wurde. Alltag im Schützengraben – das hieß ein Maulwurfsleben in Unterständen, manchmal bis zu zehn Metern unter der Erde, mit Dreck, Gestank und Ungeziefer, das hieß das nervenzehrende Warten auf den nächsten Angriff, inmitten einer von Laufgräben und Stacheldrahtverhauen durchzogenen Schlachtlandschaft, wo verstümmelte und faulende Leichenteile herumlagen, wieder und wieder umgepflügt vom oft stundenlangen Trommelfeuer. «Ihr könnt Euch keine Vorstellung von diesem Schrecken machen», schrieb ein Infanterist im Juni 1916 über das Gemetzel bei Verdun. Abstumpfung, Verrohung, Hass auf die militärischen Vorgesetzten und Verachtung für die «Etappenhengste» prägten den Umgangston in dieser Zwangsgemeinschaft des Schützengrabens.

Kriegsmüdigkeit und Friedenssehnsucht unter Zivilisten und Soldaten verstärkten sich wechselseitig. Urlauber trugen die Missstimmung über die Zustände in der Armee in die «Heimat» und kehrten, über die Not ihrer Familien erst recht erbittert, an die Front zurück. In ihren Erzählungen mischten sich eigene Beobachtungen mit Gerüchten über die ausschweifenden Vergnügungen der Kriegsgewinnler und die Prassereien der Offiziere in der Etappe. Solche Gerüchte fanden bereitwillige Aufnahme, weil sie an die vielfältigen Erfahrungen der Ungleichheit in der Klassengesellschaft anknüpften. So verband sich Kriegsgegnerschaft auch im Heer mit Gesellschaftskritik. Weit verbreitet sei hier die Ansicht, meldete eine mit der Kontrolle der Feldpostbriefe befasste Überwachungsstelle im August 1917, «der Krieg werde nur noch im Interesse unserer Großkapitalisten fortgesetzt». «Gleiche Löhnung, gleiches Fressen, wär' der Krieg schon längst vergessen!», lautete ein häufig kolportierter Spruch unter den Mannschaften.

Einen starken Auftrieb erhielt der Antikriegsprotest durch den Beginn der Russischen Revolution im Frühjahr 1917. «Als ich vorige Woche bei einem Telegramm stehen blieb und die Revolution in Petersburg las», schrieb eine Münchnerin im März 1917, «hörte ich hinter mir sagen, schade, daß es nicht in Berlin ist. Ich schaute um, und es waren Feldgraue.» Auch in den Unterhaltungen der Frauen vor den Lebensmittelgeschäften waren die revolutionären Vorgänge in Russland ein wichtiges Thema. Daran knüpften sich Hoffnungen auf ein schnelles Ende des Krieges und eine grundlegende Verbesserung der eigenen Situation. «Die Vorgänge in Rußland scheinen ihre Wirkung auf die Masse nicht verfehlt zu haben», berichtete ein Polizeispitzel in Hamburg im April 1917, «denn an verschiedenen Stellen sind Äußerungen laut geworden: ‹Wir müssen es nur machen wie in Rußland, dann wird es auch bald anders werden›.» Solche Äußerungen belegen, wie sehr sich die Erbitterung über die wirtschaftlichen Nöte inzwischen politisch aufgeladen und radikalisiert hatte.

Die Politisierung der Protestbewegung zeigte sich bereits im April 1917, als in Berlin, Leipzig und anderen Orten die Metallarbeiter die Arbeit niederlegten. Noch deutlicher wurde sie bei den Januarstreiks 1918 – der größten Massenaktion während des Krieges. Allein in Berlin, dem Zentrum der Bewegung, streikten Zehntausende von Rüstungsarbeitern; von hier aus sprang der Funke auf fast alle Industriestädte über. Am Nachmittag des 28. Januar wählten die Delegierten der bestreikten Berliner Betriebe, dem russischen Beispiel folgend, einen «Arbeiterrat», der sofort mit einem Aufruf an die Öffentlichkeit trat. An der Spitze stand das Verlangen nach einem Frieden ohne Annexionen auf der Grundlage des Selbstbestimmungsrechts der Völker. Weitere Forderungen lauteten: Verbesserung der Lebensmittelversorgung, Aufhebung des Belagerungszustands, Freilassung der politischen Gefangenen sowie «durchgreifende Demokratisierung aller Staatseinrichtungen in Deutschland», insbesondere die Abschaffung des reaktionären preußischen Dreiklassenwahlrechts. Eindeutig rangierten also die politischen vor den wirtschaftlichen Streikzielen. Insofern hatte der preußische Minister des Innern, Wilhelm Drews, Recht, wenn er in seinem Bericht an Kaiser Wilhelm II. vom «ersten politischen Massenstreik in Deutschland» sprach. Militär- und Zivilbehörden reagierten überaus nervös. Die streikenden Betriebe wurden unter militärische Leitung gestellt, Versammlungen und Demonstrationen verboten, Gewerkschaftshäuser geschlossen, Zeitungen am Erscheinen gehindert, der verschärfte Belagerungszustand verhängt. Das harte Vorgehen zeigte Wirkung. Im Laufe des 2. und 3. Februar 1918 wurde in fast allen Betrieben die Arbeit wieder aufgenommen.

Der linkssozialistische Historiker Arthur Rosenberg hat in seinem Buch über die Entstehung der Weimarer Republik die Januarstreiks als «Generalprobe für die Novemberrevolution» bezeichnet. Tatsächlich enthüllte diese Bewegung, wie brüchig die Fundamente des wilhelminischen Herrschaftssystems inzwischen waren. Eine junge Hamburger Sozialdemokratin zog Anfang Februar 1918 in einem Feldpostbrief Bilanz: «Es war ein gewaltiger Ruck, der durch unser aller Gefühl gegangen ist. Die Arbeiterschaft zog ihre Hand zurück von den Maschinen, die Waffen liefern, mit denen dieser Krieg geführt wird. Haß und Wut tobten sich bei denen aus, denen der Krieg noch etwas bringen soll ... Sie eiferten gegen die ‹Landesverräter› und mußten doch die Ruhe und Würde anerkennen, mit der die Arbeiterschaft ihren Willen kundtat ... Es waren die ersten züngelnden Flammen aus dem glimmenden Feuer.»

2. «Burgfriede» und Spaltung der Sozialdemokratie

Am 4. August 1914 stimmte die SPD im Reichstag der Bewilligung der Kriegskredite zu. Im Namen seiner Fraktion erklärte der Parteivorsitzende Hugo Haase: «Da machen wir wahr, was wir immer betont haben: Wir lassen in der Stunde der Gefahr das eigene Vaterland nicht im Stich.» Damit war besiegelt, was man damals «Burgfriede» nannte: die Stilllegung der innenpolitischen Konflikte im Namen einer neuen nationalen Einmütigkeit. Die Gewerkschaftsleitungen folgten dem Votum der Partei und setzten in einer Parallelaktion die Unterstützung aller Streiks für die Dauer des Krieges aus.

So überraschend, wie es den meisten Zeitgenossen erschien, kam diese Wende nicht. Denn in den Jahrzehnten vor 1914 war die deutsche Sozialdemokratie, ungeachtet ihrer revolutionären Programmatik und ihrer klassenkämpferischen Rhetorik, allmählich in das gesellschaftliche System des Kaiserreichs hineingewachsen und hatte sich hier mehr und mehr eingerichtet. Dass sie sich im Verteidigungsfall nicht verweigern dürfe, und besonders dann nicht, wenn die vermeintliche Aggression vom verhassten zaristischen Russland ausging – das hatte schon der 1913 verstorbene charismatische Parteivorsitzende August Bebel erklärt, und diese Überzeugung war unter den Parteimitgliedern weit verbreitet. Eben darauf richtete sich die Strategie des Reichskanzlers Theobald von Bethmann Hollweg in der Julikrise 1914: Russland musste unter allen Umständen in die Rolle des Angreifers manövriert, das Deutsche Reich als der scheinbar Angegriffene hingestellt werden. Nur dann, so glaubte man in der Reichsleitung, könnten die sozialdemokratischen Arbeitermassen für eine Unterstützung der Kriegsanstrengungen gewonnen werden.

Viele führende Sozialdemokraten verbanden freilich mit der Zustimmung zu den Kriegskrediten die Erwartung, endlich die Hindernisse beseitigen zu können, die der politischen und gesellschaftlichen Gleichberechtigung ihrer Partei bislang im Wege gestanden hatten. Ganz oben auf der Wunschliste stand die Abschaffung des preußischen Dreiklassenwahlrechts und eine Erweiterung der Befugnisse des Reichstags, also die «Parlamentarisierung» der Reichsverfassung. Auch in der Reichsleitung war man sich bewusst, dass man für die bewiesene «patriotische Zuverlässigkeit» der Sozialdemokraten einen Preis würde zahlen müssen. Sie weiterhin als «vaterlandslose Gesellen» zu verteufeln und auszugrenzen, war jedenfalls nicht mehr möglich. Doch zugleich musste Bethmann Hollweg Rücksicht nehmen auf die konservativen Kräfte, vor allem in Preußen, die sich vehement gegen alle substanziellen innenpolitischen Reformen aussprachen. Diese Kreise, so teilte der Unterstaatssekretär in der Reichskanzlei, Arnold von Wahnschaffe, dem Kanzler bereits Ende Oktober 1914 mit, befürchteten ein «zu weites Entgegenkommen gegen demokratische Wünsche nach Friedensschluß».

Um den «Burgfrieden» zwischen den Parteien nicht zu gefährden, beschloss die Reichsleitung, die Frage der innenpolitischen «Neuorientierung» zunächst einmal auf die lange Bank zu schieben. Das brachte die SPD-Führung in eine missliche Lage. Wollte sie den am 4. August eingeschlagenen Kurs vor den eigenen Mitgliedern überzeugend vertreten, musste sie möglichst rasch Erfolge in der inneren Reformpolitik vorweisen. Je länger diese ausblieben, desto schwieriger wurde es für die Spitzen von SPD und Gewerkschaften, die Unzufriedenheit in der Arbeiterschaft über die zunehmenden Nöte des Kriegsalltags zu beschwichtigen. Das wiederum konnte sich jene Minderheit in der Sozialdemokratie zunutze machen, die mit dem Schwenk der Partei auf die Linie der «Burgfriedenspolitik» nicht einverstanden war.

Schon bald nach Kriegsbeginn hatte sich an vielen Orten die innerparteiliche Opposition zu formieren begonnen. Eine wichtige Rolle spielte dabei die Erkenntnis, dass die Reichsleitung die Öffentlichkeit im Juli 1914 über die wahren Ursachen des Krieges getäuscht hatte: Das Deutsche Reich musste sich also keineswegs einer feindlichen Aggression erwehren. «Es liegt ein großer deutsch-österreichischer Präventiv- und Eroberungskrieg vor», konstatierte Karl Liebknecht, der Sprecher der Linken, in einem Schreiben an den SPD-Parteivorstand Ende Oktober 1914. Allerdings setzte der in den ersten Tagen des Krieges proklamierte «Belagerungszustand» den Aktivitäten der Opposition von vornherein enge Grenzen. Die vollziehende Gewalt im Innern ging auf die Militärbefehlshaber der einzelnen Korpsbezirke, die sogenannten stellvertretenden kommandierenden Generale, über. Sie nutzten die weitreichenden Vollmachten aus, um das Vereins- und Versammlungsrecht weitgehend außer Kraft zu setzen und die Presse einer scharfen Zensur zu unterwerfen. In der Praxis richteten sich diese Maßnahmen vor allem gegen die oppositionelle Minderheit, während die kooperationsbereite Mehrheit sich schon bald der wohlwollenden Duldung durch Militär- und Zivilbehörden erfreute. Dieser doppelte Kurs staatlicher Repressionspolitik im Krieg bewirkte, dass der Kampf der auseinanderstrebenden Richtungen in der SPD um die Unterstützung der Mitgliedschaft unter sehr ungleichen Bedingungen geführt wurde.

Hinzu kam, dass die Mehrheit die Machtmittel des Apparats und die Verfügung über die Parteizeitungen rigoros nutzte, um die Kritiker der «Politik des 4. August» einzuschüchtern und zum Schweigen zu bringen. Die hohe Wertschätzung der Disziplin in der sozialdemokratischen Arbeiterbewegung, die ursprünglich dazu gedient hatte, die Reihen gegen die feindliche Außenwelt zu schließen, wurde nun zu einem Instrument der Disziplinierung nach innen, und dies umso nachdrücklicher, je heftiger sich der Protest gegen Massenverelendung und Kriegsverlängerung regte und die oppositionelle Minderheit an Boden gewann.

Innerhalb der sozialdemokratischen Kriegsopposition bildeten sich seit Frühjahr 1915 zwei Gruppierungen heraus: Die radikale Linke sammelte sich um Karl Liebknecht und Rosa Luxemburg. Sie nannte sich zunächst Gruppe Internationale, seit 1916 Spartakusgruppe (nach einer von ihr herausgegebenen illegalen Zeitschrift, die «Spartakusbriefe»). Besonders auf diese Gruppe hatten es Polizei- und Militärbehörden abgesehen. Rosa Luxemburg musste während des Krieges drei Jahre und vier Monate hinter Gittern zubringen. Karl Liebknecht, der am 2. Dezember 1914 als einziger Abgeordneter gegen die Kriegskredite gestimmt hatte, wurde bald darauf eingezogen und kam als Armierungssoldat an die Ostfront. Nach einer von der Spartakusgruppe organisierten Antikriegsdemonstration auf dem Potsdamer Platz in Berlin am 1. Mai 1916 wurde er verhaftet und zu vier Jahren und einem Monat Zuchthaus verurteilt. Durch sein konsequentes Eintreten gegen den Krieg war er zum bestgehassten Politiker der herrschenden Kreise im wilhelminischen Deutschland geworden – und zum «populärsten Mann in den Schützengräben», wie Karl Kautsky, der SPD-Cheftheoretiker, im August 1916 schrieb. Wie Luxemburg und Liebknecht erging es vielen radikalen Oppositionellen im Ersten Weltkrieg: Sie wurden kriminalisiert und verfolgt, eingesperrt oder zur Strafe an die Front abkommandiert. Und nicht selten halfen Denunziationen aus Kreisen der SPD und Gewerkschaften nach.

Weniger hart von der Verfolgung betroffen war ein gemäßigter Flügel um den Parteivorsitzenden Hugo Haase. Seine Anhänger lehnten ebenfalls die Politik des «Burgfriedens» ab, anders als die Spartakusgruppe und die mit ihr kooperierenden norddeutschen Linksradikalen um Johann Knief und dessen Zeitschrift «Arbeiterpolitik» schreckten sie jedoch vor der Propagierung von Massenstreiks als dem wirkungsvollsten Mittel zur revolutionären Beendigung des Krieges zurück. Stattdessen wollten sie weiterhin auch die parlamentarische Bühne nutzen, um ihren Widerstand gegen die Kriegspolitik zur Geltung zu bringen. Im März 1916 wurden 18 Abgeordnete der Minderheit, die sich der Kreditbewilligung verweigert hatten, aus der SPD-Reichstagsfraktion ausgeschlossen; unter dem Namen Sozialdemokratische Arbeitsgemeinschaft (SAG) bildeten sie eine eigene Fraktion. Das war der Auftakt zur Spaltung der SPD. Besiegelt wurde sie, nachdem die SAG im Januar 1917 zu einer Sonderkonferenz nach Berlin aufgerufen hatte. Den Führungsgremien der SPD war damit eine Handhabe gegeben, um die Opposition endgültig aus der Partei herauszudrängen. Anfang April 1917 konstituierte sich in Gotha die Unabhängige Sozialdemokratische Partei Deutschlands (USPD). Unter ihr «schützendes Dach» schlüpfte auch die Spartakusgruppe, während sich die Linksradikalen in Bremen und Hamburg, allerdings erfolglos, um den Aufbau einer eigenen revolutionären Partei bemühten.

In der USPD sammelten sich all jene Kräfte, die gegen eine Weiterführung des Krieges waren und eine Zusammenarbeit mit der Regierung strikt ablehnten. Für die hungernden, kriegsmüden Massen wurde die neue Partei zum Hoffnungsanker. Allerdings blieb ihr dort, wo die Mehrheitsrichtung stark und die politische Verfolgung intensiv war, der entscheidende Durchbruch bis Kriegsende noch versagt. In einigen Industrieregionen, vor allem in den Großbetrieben der Metallindustrie, konnte die USPD jedoch bereits vor 1918 Fuß fassen und sich als Alternative zur Mehrheitssozialdemokratie (MSPD) profilieren. Das erklärt den Einfluss, den sie auf die Streikbewegungen des April 1917 und noch mehr auf die des Januar 1918 auszuüben in der Lage war.

Die Spaltung der größten und traditionsreichsten sozialdemokratischen Partei der II. Internationale im Krieg war von großer Bedeutung. Natürlich versuchte die Mehrheit die Verantwortung den «Quertreibern» von der Minderheit zuzuschieben; tatsächlich aber trug sie daran selbst die Hauptschuld. Denn statt den Dissidenten die Möglichkeit zu geben, ihren abweichenden Standpunkt im Rahmen der Organisation zu vertreten, hatte sie ausschließlich auf Repression gesetzt und alle Register der Disziplinierung gezogen. Gerade dadurch sorgte sie aufseiten der unterlegenen Minderheit für Erbitterung, ja für Hass. Die Vergiftung der Atmosphäre sollte im Verlauf der Revolution von 1918/19 eine nicht unwichtige Rolle spielen.

3. Die verspätete Reform

Unter dem Eindruck der revolutionären Ereignisse in Russland und der wachsenden Unzufriedenheit in der Industriearbeiterschaft sah sich Reichskanzler Bethmann Hollweg im Frühjahr 1917 gezwungen, die Frage der inneren «Neuorientierung» nun doch schon in Angriff zu nehmen. So brachte er den Kaiser dazu, in seiner Osterbotschaft vom 7. April eine Reform des preußischen Dreiklassenwahlrechts für die Zeit nach dem Kriege anzukündigen. Das war zu wenig, um die kriegsmüden Teile der Bevölkerung ruhig zu stellen; in den Augen der preußischen Konservativen und der hohen Militärs war es bereits zu viel an Nachgiebigkeit gegenüber dem demokratischen Zeitgeist. Im Juli 1917 drohten Paul von Hindenburg und Erich Ludendorff, die beiden starken Männer der seit August 1916 amtierenden 3. Obersten Heeresleitung, mit ihrem Rücktritt, falls Bethmann Hollweg im Amte bliebe, und Wilhelm II. musste der Erpressung nachgeben. Die neuen Reichskanzler, zunächst Georg Michaelis, zuvor preußischer Staatsminister der Ernährung, seit Oktober 1917 Georg von Hertling, zuvor bayerischer Ministerpräsident, waren nicht viel mehr als Erfüllungsgehilfen der Heeresleitung, deren Macht größer war als jemals zuvor. Dennoch war das Deutschland der Jahre 1917/18 keine reine Militärdiktatur, denn auch Hindenburg und Ludendorff mussten Rücksicht nehmen auf die neue Reichstagsmehrheit aus Mehrheitssozialdemokratie, katholischem Zentrum und liberaler Fortschrittspartei, die im Juli 1917 einen Interfraktionellen Ausschuss gebildet, das Thema der «Parlamentarisierung» der Verfassung auf die Tagesordnung gesetzt und eine Resolution mit der Forderung nach einem Verständigungsfrieden verabschiedet hatte.

Noch allerdings glaubte die Oberste Heeresleitung, den Krieg durch einen Siegfrieden beendigen zu können. Im März 1918, nach dem Russland aufgezwungenen, überaus harten Separatfrieden von Brest-Litowsk, suchte sie durch eine letzte große Offensive im Westen die militärische Entscheidung zu erzwingen. Noch einmal keimten Siegeshoffnungen auf. «Die Stimmung der Augusttage kehrt wieder», bemerkte der Heidelberger Mediävist Karl Hampe, als die Nachrichten von den ersten großen Erfolgen der deutschen Westoffensive Ende März bekannt wurden. Doch schon im April 1918 zeigte sich, dass die Militärs sich wieder einmal verrechnet hatten. Der deutsche Angriff blieb bald stecken, und die Enttäuschung darüber, dass auch die verzweifelte Anspannung aller Kräfte nicht zum Ziel geführt hatte, ließ die Stimmung abermals radikal umschlagen. Kriegsmüdigkeit und Erschöpfung traten nun in einem bislang unbekannten Ausmaß hervor. «Im Volk wird nur noch eine Frage mit Interesse erörtert, die Beendigung des Krieges, und es mehren sich in bedenklichem Umfang die Stimmen für einen ‹Frieden um jeden Preis›», meldete der Berliner Polizeipräsident im Juli 1918. Und einen Monat später, Mitte August, notierte der Münchner Schriftsteller und Gymnasialprofessor Josef Hofmiller: «Keiner glaubt mehr, daß wir den Krieg gewinnen. Alle wissen, daß wir ihn verloren haben, und doch rückt keiner mit der Sprache heraus.»

Statt die Wahrheit ungeschminkt darzulegen, verbreitete die amtliche Propaganda weiterhin Siegeszuversicht und beförderte damit nur den Vertrauensverlust des herrschenden Systems. Im August 1918 belauschte ein Polizeispitzel die Unterhaltung zweier Lazarettinsassen in Bremerhaven: «Siehst Du, Kamerad, wir sind kaputt, keiner denkt mehr an Sieg, was die Zeitungen schreiben, ist alles Lug und Trug ... Sollen wir uns denn die Knochen kaputt schießen lassen, nur weil die Oberen noch Lust haben zu dieser wahnsinnigen Schlachterei? ... Wir kriegen unsere Kameraden so weit, daß sie alles mitmachen wie in Rußland. Wir haben ja nichts mehr zu verlieren.»

Dem Autoritätsschwund der staatlichen Instanzen entsprach ein rapider Verfall der militärischen Disziplin. Im Westen häuften sich seit Frühsommer 1918 Meldungen über Befehlsverweigerungen. Soldaten versuchten in immer größerer Zahl, sich dem Frontdienst zu entziehen – sei es, dass sie Krankheiten vortäuschten, sich selbst verstümmelten, in der Etappe untertauchten oder zum Gegner überliefen. In vielen Heimatgarnisonen kam es zu krawallartigen Ausschreitungen. Ausgelöst wurden sie zumeist von Truppenteilen, die an die Westfront geschickt werden sollten. Ganz offensichtlich waren viele Soldaten nicht mehr bereit, ihr Leben für eine aussichtslose Sache aufs Spiel zu setzen. «Dreiviertel der Mannschaften hier will Schluß. Wie ist ihnen ganz egal», hieß es in einem Feldpostbrief vom April 1918.

Ende September 1918 versammelte sich die gesamte Führungsspitze des wilhelminischen Deutschland im Hauptquartier im belgischen Spa, um aus dem Munde Hindenburgs und Ludendorffs zu vernehmen, was Einsichtige längst wussten: der Krieg war verloren. Lange hatte es gedauert, bis die Oberste Heeresleitung sich zu ihrem militärischen Offenbarungseid hatte durchringen können. Nun aber konnte es ihr nicht schnell genug gehen: Sie drängte auf den unverzüglichen Abschluss eines Waffenstillstands, und zu diesem Zwecke sollte eine neue Regierung «auf breiter nationaler Basis» gebildet werden. Das bedeutete, dass die Führungseliten des Kaiserreichs im Angesicht der Niederlage zugestehen wollten, was sie bisher strikt ausgeschlossen hatten: die «Parlamentarisierung», das heißt die Etablierung einer vom Vertrauen der Reichstagsmehrheit abhängigen Regierung, an der, nach Lage der Dinge, auch die

Mehrheitssozialdemokraten, die stärkste Partei des Reichstags, beteiligt werden mussten. «Kritischer Tag erster Ordnung. Wendepunkt für Preußen, für Deutschland, vielleicht für die Welt», notierte Harry Graf Kessler am 30. September 1918.

Gewiss spielte bei den Militärs der Wunsch eine Rolle, die Armee vor einem Desaster zu bewahren. Einige Tage zuvor hatte eine alliierte Großoffensive eingesetzt, die sofort tiefe Breschen in die deutschen Verteidigungslinien schlug. Ein Zusammenbruch der Westfront schien nur eine Frage von Tagen zu sein. Doch wichtiger war wohl ein anderes Motiv: die Absicht nämlich, die Verantwortung für die bevorstehende Niederlage auf die Parteien der Reichstagsmehrheit, allen voran auf die Sozialdemokraten, abzuwälzen. Er habe, erklärte Ludendorff am Abend des 29. September vor seinen Offizieren, den Kaiser «gebeten, jetzt auch diejenigen Kreise an die Regierung zu bringen, denen wir es in der Hauptsache zu verdanken haben, daß wir so weit gekommen sind. Wir werden also diese Herren jetzt in die Ministerien einziehen sehen. Sie sollen nun den Frieden schließen, der jetzt geschlossen werden muß. Sie sollen die Suppe jetzt essen, die sie uns eingebrockt haben.» In der Stunde der Niederlage inszenierten sich diejenigen, die das Kaiserreich durch maßlose Überschätzung der deutschen Kräfte und ihre sture Blockadepolitik gegen jedwede Reformen in den Abgrund geführt hatten, als Opfer, das hinterrücks um den verdienten Sieg betrogen worden sei. Das war die Geburtsstunde der Dolchstoßlegende. «Ich mußte an Siegfried denken mit der tödlichen Wunde im Rücken von Hagens Speer», kommentierte ein Generalstabsoffizier den Auftritt Ludendorffs.

Neuer Reichskanzler wurde Prinz Max von Baden, der badische Thronfolger, der liberalen Reformen gegenüber als aufgeschlossen galt. Unter den Mehrheitssozialdemokraten war die Frage einer Beteiligung an der neuen Regierung umstritten. Philipp Scheidemann warnte in der Fraktionssitzung am 3. Oktober 1918 davor, in «ein bankrottes Unternehmen» einzusteigen – in der richtigen Vorahnung, dass den Sozialdemokraten die Verantwortung für den Kriegsausgang aufgebürdet werden sollte. Doch der Vorsitzende Friedrich Ebert setzte sich durch:

Er forderte die Partei auf, ihre patriotische Pflicht zu tun und sich nicht zu verweigern; jetzt müsse sie «in die Bresche springen», um zu retten, was zu retten sei. Auf diese Linie schwor er die große Mehrheit der Fraktion ein.

Am 26. Oktober 1918 entließ Wilhelm II. General Ludendorff, der in einer abrupten Kehrtwende für eine Weiterführung des Kampfes plädiert hatte. Am selben Tage verabschiedete der Reichstag Gesetze, die den Übergang zur parlamentarischen Demokratie besiegelten. Der Artikel 15 der Reichsverfassung wurde um die Bestimmung ergänzt: «Der Reichskanzler bedarf zu seiner Amtsführung des Vertrauens des Reichstags.» Außerdem wurde die kaiserliche Kommandogewalt der verantwortlichen Regierung untergeordnet und somit der parlamentarischen Kontrolle unterstellt. Die Reform «von oben» sollte der Revolution «von unten» zuvorkommen – das war der Grundgedanke der nun vollzogenen Wende.

Doch diese Rechnung ging nicht auf, und zwar vor allem aus zwei Gründen: Zum einen wirkte das Eingeständnis der militärischen Niederlage, das mit der Bitte um Waffenstillstand verbunden war, keineswegs beruhigend; es steigerte vielmehr die Wut auf jene, die das Deutsche Reich in diese ausweglose Lage manövriert hatten. Im Oktober 1918 berichtete der sächsische Gesandte in Berlin: «Zwei Stimmungen beherrschen die Massen. Die eine ist eine aufs äußerste gesteigerte Friedenssehnsucht, die andere eine unverkennbare Bitterkeit darüber, daß die früheren Regierungen sich über die Grenzen der deutschen Kraft nicht klargeworden seien und den Glauben an unsere Unbesiegbarkeit so stark genährt hätten, daß weite Kreise sich in falscher Sicherheit wiegten.» Eine radikale Stimmung des «Frieden um jeden Preis» erfasste nun auch Schichten der Bevölkerung, deren monarchische Loyalität und patriotische Gesinnung bislang ganz außer Zweifel gestanden hatten. Hinzu kam eine verheerende Grippeepidemie, die gerade Mitte Oktober 1918 ihren Höhepunkt erreichte und unter der entkräfteten großstädtischen Bevölkerung zahlreiche Opfer forderte.

Zum anderen war die «Oktoberreform» in ihren Auswirkungen für die Masse der Bevölkerung noch kaum spürbar. Der

Alltag blieb bestimmt durch die Mühen der Lebensmittelbeschaffung. Und auch an den politischen Machtverhältnissen schien sich trotz «Parlamentarisierung» vorerst wenig geändert zu haben. Nach wie vor herrschte der Belagerungszustand, entschieden die stellvertretenden kommandierenden Generale in den Korpsbezirken willkürlich über Zensurmaßnahmen und Versammlungsverbote. Statt einer allgemeinen Amnestie für die politischen Gefangenen gab es neue Verhaftungen von Kriegsgegnern. Immer noch stützte sich auch Wilhelm II. in erster Linie auf seine militärischen Ratgeber. Am 29. Oktober verließ er Potsdam, um ins Hauptquartier nach Spa zu reisen und sich so dem Einfluss der ersten parlamentarischen Regierung unter Prinz Max von Baden zu entziehen.

Die Antwortnoten des amerikanischen Präsidenten Woodrow Wilson auf das deutsche Ersuchen, einen Waffenstillstand zu vermitteln, machten allerdings deutlich, dass ohne eine Abdankung Wilhelms II. der Frieden nicht zu haben war. Doch der Kaiser dachte gar nicht daran, dem Thron freiwillig zu entsagen. «Ein Nachfolger Friedrichs des Großen dankt nicht ab», erklärte er, uneinsichtig wie eh und je. So richtete sich die Bewegung gegen den Krieg schließlich auch gegen den Träger der Krone selbst. «Man spricht in den Volksmassen von nichts als der notwendigen Abdankung des Kaisers und des Kronprinzen und gibt sich einer völligen Friedenspsychose hin», beobachtete der Historiker Friedrich Thimme in der Reichshauptstadt.

Es war nur noch eine Frage der Zeit, bis der revolutionäre Funke zündete, und es war kein Zufall, dass dies auf den Großkampfschiffen der kaiserlichen Marine geschah. Denn hier, wo Mannschaften und Offiziere auf engstem Raum zusammenlebten, hatten soziale Ungleichheit und militaristische Willkür besonders empörende Auswüchse angenommen. «Jahrelang aufgehäuftes Unrecht hat sich zu gefährlichem Sprengstoff verwandelt», notierte Richard Stumpf, ein national und kaisertreu eingestellter Matrose, in sein Tagebuch. «O Jammer, weshalb mußten wir so schuftige, gewissenlose Offiziere haben, die uns alle Liebe zum Vaterland, die Freude am deutschen Wesen, den Stolz auf unsere vorbildlichen Einrichtungen genommen haben.»

Ende Oktober 1918 gab die Marineleitung den Befehl zu einem Flottenvorstoß in die Nordsee. In einem letzten Gefecht wollte sie einen «ehrenvollen Untergang» suchen. Damit aber wurde das Feuer an die Lunte gelegt, die das Pulverfass zur Explosion brachte. Die Matrosen auf den vor Wilhelmshaven ankernden Schlachtschiffen verweigerten den Befehl. «Auf zur Demonstration an Land», lautete die Parole. In dem Augenblick, als die militärische Disziplin zusammenbrach, war auch der wilhelminische Obrigkeitsstaat am Ende. Die Revolution war nicht mehr aufzuhalten.

Die «wunderlichste aller Revolutionen» hat Arthur Rosenberg den Novemberumsturz genannt. Denn die Massen hätten «eigentlich gegen sich selbst» rebelliert, weil sie mit der Einführung der parlamentarischen Monarchie doch bereits am Ziel ihrer Wünsche angelangt gewesen seien. Diese These verkennt, dass die Verfassungsreform vom Oktober 1918 mehr ein Versprechen als bereits erlebbare politische Realität war. Die Herrschaft der Militärs dauerte, wie der eigenmächtige Befehl der Seekriegsleitung zeigte, scheinbar ungebrochen fort. Es bedurfte erst der gemeinsamen Aktion von revolutionären Matrosen, Arbeitern und Soldaten, um den Systemwechsel unumkehrbar zu machen und das Regime der Hohenzollern definitiv zu beenden. «Die ‹Revolution von unten›», so hat Sebastian Haffner zu Recht bemerkt, «wollte die ‹Revolution von oben› nicht kassieren, sondern ergänzen, beleben, vorwärtstreiben, recht eigentlich erst zur Wirklichkeit machen.»

II. Die erste Phase der Revolution (November 1918 – Februar 1919)

1. Der Aufstand in Kiel und die Ausbreitung der revolutionären Bewegung

Den Anfang machten die revoltierenden Matrosen in Wilhelmshaven. Sie brachten den Plan, die Flotte zu einer letzten «Todesfahrt» auslaufen zu lassen, zu Fall. Damit war der Konfliktstoff aber noch nicht entschärft. Um die Situation zu entspannen, entschloss sich die Marineführung, die vor Wilhelmshaven ankernde Hochseeflotte auseinanderzuziehen. Das III. Geschwader, das unruhigste von allen, nahm am 31. Oktober Kurs auf Kiel. An Bord der fünf Schiffe mit über 5000 Mann befanden sich auch die 47 Matrosen, die der Geschwaderchef als «Haupträdelsführer» hatte festnehmen lassen. Mit der Verlegung eines Teils der Flotte nach Kiel trug die Marineleitung selbst entscheidend dazu bei, dass sich der Funke der Revolte zum Flächenbrand ausweiten konnte. Denn in keinem anderen Ort waren die Bedingungen für die Entstehung einer revolutionären Situation so günstig wie gerade in der Ostseestadt. Hier waren Anfang November 1918 nicht nur 50 000 Militärangehörige stationiert, hier gab es auf den Großwerften und den Zulieferbetrieben der Metallindustrie eine vieltausendköpfige radikalisierte Arbeiterschaft, die in den großen Streikbewegungen des Ersten Weltkriegs bereits ihre Kampfbereitschaft erprobt hatte.

Am 1. November lief das Geschwader im Kieler Hafen ein. Die Matrosen nutzten den Landurlaub, um unverzüglich Kontakt zu den beiden sozialdemokratischen Parteien, MSPD und USPD, aufzunehmen. Gemeinsam verabredete man, am Nachmittag des 3. November eine Versammlung auf dem großen Exerzierplatz abzuhalten. 5000 bis 6000 Menschen, vorwiegend Matrosen, Werftarbeiter und deren Frauen, folgten dem Aufruf. Am Ende wurde beschlossen, zur Marinearrestanstalt in der

Feldstraße zu ziehen, um die dort Inhaftierten zu befreien. Dem Demonstrationszug, der sich unter Hochrufen auf die Republik und die Internationale in Bewegung setzte, stellte sich in der Innenstadt eine Militärpatrouille unter Führung eines Leutnants der Reserve in den Weg, die das Feuer eröffnete. 9 Tote und 29 Verletzte blieben zurück. Das war die Initialzündung für den Aufstand. In der Nacht vom 3. auf den 4. November wurden überall auf den Schiffen Offiziere entwaffnet und rote Fahnen gehisst. Am 4. November legten die Arbeiter der Germaniawerft und der Torpedowerkstatt die Arbeit nieder. Matrosen stürmten eine Kaserne nach der anderen, bemächtigten sich der Waffen und Munition und befreiten die gefangenen Matrosen. Am 5. November traten die Kieler Arbeiter in einen Generalstreik. Ein Soldatenrat wurde gebildet, der erste in Deutschland, und wenige Stunden später auch ein Arbeiterrat, der sich aus den Delegierten der Großbetriebe und Mitgliedern der beiden sozialdemokratischen Parteien zusammensetzte. In Kiel waren die Aufständischen vollständig im Besitz der Macht.

Bereits in der Nacht vom 4. auf den 5. November hatten sich revolutionäre Matrosen und Arbeiter auf ein Programm verständigt, das als die «14 Kieler Punkte» von beispielgebender Wirkung für den weiteren Verlauf der Revolution wurde. Darin wurde unter anderem verlangt: die Freilassung sämtlicher Inhaftierten und politischen Gefangenen, vollständige Rede- und Pressefreiheit, die Aufhebung der Briefzensur sowie eine grundlegende Reform des Dienstbetriebs, die faktisch das Ende des Militarismus bedeutete. Weitergehende Forderungen wie die Beseitigung der Monarchie und die Proklamation einer «freien Volksrepublik» wurden zwar in diesen Tagen in Kiel laut, fanden allerdings nicht Eingang in die «14 Punkte».

Am 3. November hatte der Kieler Gouverneur, Admiral Wilhelm Souchon, sich mit der dringlichen Bitte an die Berliner Regierung gewandt, «wenn irgend möglich, (einen) hervorragenden sozialdemokratischen Abgeordneten hierherzuschicken, um im Sinne der Vermeidung von Revolution und Revolte zu sprechen». Auf Vorschlag Philipp Scheidemanns, Minister ohne Portefeuille in der Regierung des Prinzen Max von Baden, entsandten die Mehrheitssozialdemokraten den wehrpolitischen Experten der Fraktion, Gustav Noske. Begleitet wurde er von Staatssekretär Conrad Haußmann von der Fortschrittlichen Volkspartei. Noske und Haußmann trafen am Abend des 4. November auf dem Kieler Hauptbahnhof ein, wo sie von den Matrosen begeistert empfangen wurden. Sofort machte sich Noske ans Werk. Am 5. November ließ er sich von einer Versammlung auf dem Wilhelmsplatz durch Akklamation zum Vorsitzenden des Soldatenrats wählen. Damit besetzte er, kaum 24 Stunden nach seiner Ankunft, die entscheidende Machtposition. Die örtlichen USPD-Politiker hatten dem erfahrenen Taktiker wenig entgegenzusetzen. Am 7. November übernahm Noske als Nachfolger Admiral Souchons das Amt des Gouverneurs, das er zielstrebig dazu nutzte, um die Entwicklung in Kiel unter seine Kontrolle zu bringen und in geordnete Bahnen zurückzulenken.

Doch das Ziel, den «Unruheherd» an der Ostsee zu isolieren, misslang. Von Kiel aus breitete sich die Aufstandsbewegung in wenigen Tagen über ganz Norddeutschland aus – über Lübeck, Wismar, Schwerin, Rostock, Warnemünde, Brunsbüttel, Cuxhaven, Wilhelmshaven, Bremerhaven, Bremen, und überall waren es Kieler Matrosen, die die Flamme des Aufruhrs weitertrugen. In Hamburg tauchten sie bereits in einer Massenversammlung auf, die die USPD am Abend des 5. November 1918 im Gewerkschaftshaus veranstaltete. Wilhelm Dittmann, der USPD-Reichstagsabgeordnete, der nach dem Januarstreik zu fünf Jahren Zuchthaus verurteilt worden war, forderte 10 000 begeisterte Zuhörer dazu auf, das revolutionäre Beispiel Kiels auf Hamburg zu übertragen: «Wir stehen vor entscheidenden Wendungen. Der Krieg hat zur Reife gebracht, was sonst noch Jahrzehnte erfordert hätte. Das Alte stürzt, und das Proletariat sieht sich über Nacht vor die Aufgabe gestellt, die politische Macht zu ergreifen. Alle Kleingeisterei und Angst vor der eigenen Unreife gilt es abzulegen.» Noch während Dittmann sprach, bahnte sich eine Abordnung Kieler Matrosen den Weg zur Rednerbühne. Unter großem Jubel verbrüderten sich Matrosen, Soldaten und Arbeiter.

In der Nacht vom 5. auf den 6. November leiteten die Matrosen unter der Führung des Maats Friedrich Zeller in Hamburg den bewaffneten Aufstand ein. Sie bemächtigten sich der im Hafen liegenden Torpedoboote, besetzten den Elbtunnel und fuhren in den Morgenstunden zum Gewerkschaftshaus am Besenbinderhof. Hier konstituierte sich nach Kieler Vorbild ein provisorischer Arbeiter- und Soldatenrat, der sofort mit einer Proklamation «an die Bevölkerung und an die Soldaten Hamburgs und Umgebung» hervortrat: «Mit dem heutigen Tag hat der Arbeiter- und Soldatenrat den größten Teil der politischen Macht in die Hand genommen. Ein Zurück gibt es nicht mehr.» Eine Massenversammlung auf dem Heiligengeistfeld, zu der am Mittag des 6. November über 40 000 Arbeiter, Matrosen und Soldaten zusammenkamen, stellte sich hinter den Arbeiter- und Soldatenrat. Anschließend marschierte ein riesiger Demonstrationszug zum Sitz des stellvertretenden Generalkommandos in Altona, das allerdings bereits geräumt worden war. Mit der widerstandslosen Kapitulation der militärischen Gewalten lag die Macht auch in der Hansestadt faktisch beim Arbeiter- und Soldatenrat.

Nach ähnlichem Muster verlief der Umsturz in vielen anderen Städten. Matrosen ergriffen die Initiative, Soldaten und Arbeiter schlossen sich ihnen an, Polizei- und Militärbehörden zogen sich zurück, weil sie keine zuverlässigen Truppen mehr zur Verfügung hatten, und ermutigten die Revolutionäre zu weitergehenden Schritten. «Die Physiognomie der Revolution beginnt sich abzuzeichnen: allmähliche Inbesitznahme, Ölfleck, durch die meuternden Matrosen, von der Küste aus», notierte Harry Graf Kessler am 7. November. «Umgekehrt wie in Frankreich revolutioniert die Provinz die Hauptstadt, die See das Land. VikingerStrategie.» Wie ein Lauffeuer sprang die Revolution von Stadt zu Stadt. Bis zum 8. November waren auch Hannover, Braunschweig, Hildesheim, Köln, Düsseldorf, Duisburg, Krefeld, Bielefeld, Magdeburg, Halle, Dresden, Leipzig, Frankfurt am Main und viele andere mittel- und süddeutsche Städte in der Hand von Arbeiter- und Soldatenräten. Die Wahl der Räte erfolgte zunächst improvisiert, wobei die jeweiligen lokalen Kräfteverhältnisse in der Arbeiterbewegung eine Rolle spielten. In den meisten Fällen war die Zusammensetzung Ergebnis eines Kompromisses zwischen MSPD und USPD, der von den örtlichen Politikern ausgehandelt und erst nachträglich von Delegiertenversammlungen bestätigt wurde.

In München bedurfte es des Anstoßes durch die Matrosen nicht. Hier wurde das Gesetz des Handelns vor allem durch einen Mann bestimmt: Kurt Eisner, den Vorsitzenden der kleinen lokalen USPD-Gruppe, der erst Mitte Oktober das Gefängnis Stadelheim hatte verlassen können, wo er seit dem Januarstreik 1918 festgesetzt worden war. Gemeinsam hatten USPD und MSPD in München für den 7. November zu einer Friedensdemonstration auf der Theresienwiese aufgerufen. Während die Anhänger der MSPD danach auseinanderliefen, begann Eisner mit einer kleinen Schar seiner Mitstreiter am Nachmittag eine Kaserne nach der anderen zu agitieren. Die Münchner Garnisonen gingen mit fliegenden Fahnen zu den Revolutionären über. Eisner hatte die Massenstimmung besser erfasst als sein erbitterter Gegner, der bayerische MSPD-Vorsitzende Erhard Auer. Noch am Abend wurden im Mathäserbräu, einem Bierlokal am Stachus, ein Arbeiter- und Soldatenrat gebildet, zu dessen Vorsitzenden Eisner gewählt wurde. Widerstand von den Organen des bisherigen Systems regte sich nirgends. Am Morgen des 8. November wurde auf Plakaten der «Freistaat Bayern» ausgerufen und die Dynastie der Wittelsbacher für abgesetzt erklärt. Der revolutionäre Bruch war damit auch hier vollzogen.

2. Der 9. November in Berlin und die Bildung der Regierung der Volksbeauftragten

Es war nur eine Frage der Zeit, wann die revolutionäre Bewegung die Hauptstadt erreichen würde. «Alle Welt erwartet Ereignisse in Berlin. Villenbesitzer ziehen aus den Vororten herein», notierte Theodor Wolff am 6. November. Am gleichen Tag fand im Reichskanzlerpalais eine Unterredung zwischen Wilhelm Groener, dem Nachfolger Ludendorffs, und führenden Vertretern der Mehrheitssozialdemokratie und Gewerkschaften statt. In beschwörenden Worten verlangte Ebert die sofortige

Abdankung des Kaisers, weil nur so der «Übergang der Massen in das Lager der Revolutionäre und damit die Revolution» verhindert werden könne. Doch Groener lehnte eine Diskussion über die Abdankungsfrage selbst dann noch ab, als Scheidemann «kreidebleich, vor Aufregung am ganzen Körper zitternd» die Nachricht überbrachte, dass Kieler Matrosen in Hamburg und Hannover «die staatlichen Machthaber festgenommen und die öffentliche Gewalt an sich gerissen» hätten.

Am 7. November stellten die Mehrheitssozialdemokraten dem Reichskanzler ein Ultimatum: Sollte der Kaiser nicht bis zum Mittag des 8. November abgedankt haben, würden sie aus der Regierung austreten. Im Kabinett rechtfertigte Scheidemann den Schritt: Die MSPD habe bislang alles getan, «um die Massen bei der Stange zu halten», doch nun wachse ihr die Bewegung über den Kopf. Noch glaubten die führenden Mehrheitssozialdemokraten, die Monarchie retten und die auf Berlin zumarschierende Revolution aufhalten zu können. Im Gespräch mit Prinz Max von Baden bekannte Ebert ohne Umschweife: «Wenn der Kaiser nicht abdankt, ist die soziale Revolution unvermeidlich. Ich aber will sie nicht, ja, ich hasse sie wie die Sünde.» Noch einmal verlängerte die MSPD-Führung die Frist ihres Ultimatums um einen Tag. Doch auch am 8. November scheiterten alle Bemühungen des Reichskanzlers, den Kaiser zum freiwilligen Thronverzicht zu bewegen. Selbst die unverhüllte Warnung des Prinzen, dass andernfalls der Bürgerkrieg drohe, konnte den Monarchen nicht umstimmen. So nahmen die Dinge in der Hauptstadt ihren Lauf. «Jedenfalls ist es so, wir sind – ohne es noch recht zu fassen – in der sozialen Revolution …», schrieb die Malerin Käthe Kollwitz am 8. November aus Berlin. «Die Sozialdemokratie versucht mit äußerster Kraft die Zügel zu halten. Gelingt es ihr – dann gut. Gelingt es ihr nicht, dann wird Schreckliches kommen.»

Am Morgen des 9. November traten die Berliner Großbetriebe in den Generalstreik. Die Naumburger Jäger, die gerade erst nach Berlin verlegt worden waren, solidarisierten sich mit den Streikenden. Überall bildeten sich lange Demonstrationszüge, die sich zum Regierungsviertel am Brandenburger Tor bewegten, bewaffnete Arbeiter und Soldaten an der Spitze. Theodor Wolff hielt in seinem Tagebuch den Eindruck fest: «Aus dem Redaktionsfenster sehe ich, daß durch die Leipziger Straße sich große Menschenmassen mit roten Fahnen in Zügen vorwärts bewegen. Meine Mitarbeiter kommen und erzählen, überall risse man den Offizieren die Kokarden ab. Schutzleute seien nicht mehr vorhanden, die Stadt sei mit einem Schlag völlig verändert, die Straßenbahn habe den Verkehr eingestellt, das Wolffsche Telegraphenbüro sei von den Revolutionären besetzt, am Brandenburger Tor wehe die rote Fahne.»

Mit Ablauf des Ultimatums um 9 Uhr traten die Sozialdemokraten aus der Regierung aus. Da ihm noch immer keine Abdankungserklärung vorlag, entschloss sich Prinz Max, auf eigene Verantwortung zu handeln. Gegen Mittag ließ er über das Wolffsche Telegraphenbüro die Meldung verbreiten, dass Wilhelm II. auf seinen Thron verzichtet habe. Kurze Zeit später übergab er sein Amt an den MSPD-Vorsitzenden Friedrich Ebert. «Eine ganz unerhörte Tat!», empörte sich Hans Georg von Plessen, der kaiserliche Generaladjutant im fernen Hauptquartier in Spa. Am Morgen des 10. November begab sich Wilhelm II. ins holländische Exil. Der sang- und klanglose Abtritt der Hohenzollern von der Bühne der Geschichte bewies nur, wie restlos die monarchische Loyalität im Laufe des Krieges aufgezehrt worden war, wie vor allem der Kaiser selbst jede Autorität verspielt hatte.

Um 2 Uhr nachmittags verkündete Philipp Scheidemann von einem Balkon des Reichstags aus: «Das deutsche Volk hat auf der ganzen Linie gesiegt. Das alte Morsche ist zusammengebrochen, der Militarismus ist erledigt! Die Hohenzollern haben abgedankt! Es lebe die deutsche Republik!» Ebert machte ihm deswegen eine Szene: «Du hast kein Recht, die Republik auszurufen: Was aus Deutschland wird, ob Republik oder was sonst, das entscheidet eine Konstituante.» Das blieb Eberts Linie auch in den kommenden Tagen und Wochen. Alle wesentlichen Entscheidungen über Deutschlands Zukunft sollten einer frei gewählten Nationalversammlung vorbehalten bleiben. Die Arbeiter- und Soldatenräte sollten zunächst nur mithelfen, den Zusammenbruch der öffentlichen Ordnung zu verhindern und die Versorgung der Bevölkerung mit Lebensmitteln sicherzustellen. So appellierte der neue Reichskanzler in seinem ersten Aufruf an die «Mitbürger» vom 9. November, die Straßen zu verlassen: «Sorgt für Ruhe und Ordnung!» Gleichzeitig wandte sich Ebert an die Beamten mit der Aufforderung, auf ihren Posten zu verbleiben und der neuen Regierung ihre Dienste zur Verfügung zu stellen: «Ein Versagen der Organisation in dieser schweren Stunde würde Deutschland der Anarchie und dem schrecklichsten Elend ausliefern.»

Anarchie drohte in Eberts Augen vor allem durch die Aktivitäten der radikalen Linken. Nur zwei Stunden, nachdem Scheidemann die «deutsche Republik» ausgerufen hatte, proklamierte Karl Liebknecht vom Balkon des Berliner Schlosses aus «die freie sozialistische Republik Deutschland». Der Sprecher der Spartakusgruppe, für den sich erst am 23. Oktober die Tore des Zuchthauses Luckau geöffnet hatten, machte in seiner Rede sofort deutlich, dass das eigentliche Werk der revolutionären Umwälzung erst noch zu tun sei: «Wir müssen alle Kräfte anspannen, um die Regierung der Arbeiter und Soldaten aufzubauen und eine neue staatliche Ordnung des Proletariats zu schaffen, eine Ordnung des Friedens, des Glücks und der Freiheit unserer deutschen Brüder und unserer Brüder in der ganzen Welt. Wir reichen ihnen die Hände und rufen sie zur Vollendung der Weltrevolution auf.»

Hier zeichnete sich bereits die Frontlinie der kommenden Auseinandersetzungen ab: Während Ebert, Scheidemann und ihre Anhänger ein Höchstmaß an Kontinuität des alten Staatsapparats sichern und die Arbeiter- und Soldatenräte so rasch wie möglich ihrer Machtpositionen entkleiden wollten, sahen die Linken um Liebknecht in den Räten die geeigneten Organe für die angestrebte Weiterführung der Revolution in sozialistischem Sinne. Rosa Luxemburg, die erst mit Beginn der Revolution aus dem Gefängnis in Breslau freigelassen worden war, traf am Abend des 10. November auf dem Schlesischen Bahnhof in Berlin ein. Auf die ersten beiden Tage der Revolution konnte sie noch keinen Einfluss nehmen.

Die Führer der Mehrheitssozialdemokratie befanden sich in einer Zwickmühle. Sie hatten die Revolution nicht gewollt, ja sich ihr bis zuletzt entgegengestemmt, und mussten sich ihrer nun doch annehmen, wenn sie sich nicht um allen Kredit unter den radikalisierten Arbeitermassen bringen und den Einfluss auf den Gang der Ereignisse verlieren wollten. Deshalb schlug Ebert am Nachmittag des 9. November den Konkurrenten von der USPD vor, ein paritätisch besetztes Kabinett zu bilden, dem auch Mitglieder der bürgerlichen Parteien als Fachminister angehören sollten. Dabei stellte er, was die personelle Zusammensetzung anbelangte, keine Vorbedingungen. Vielmehr erklärte er sich auf Nachfrage sogar bereit, Karl Liebknecht zu akzeptieren, falls die USPD ihn entsenden wolle. Ganz deutlich sprach sich die MSPD-Führung jedoch von Anfang an gegen die von der USPD geforderte Übertragung der Macht an die Vertreter der Arbeiter und Soldaten aus. «Ist mit diesem Verlangen die Diktatur eines Teils einer Klasse gemeint, hinter dem nicht die Volksmehrheit steht, so müssen wir diese Forderung ablehnen, weil sie unseren demokratischen Grundsätzen widerspricht.»

Nach schwierigen Verhandlungen konstituierte sich am frühen Nachmittag des 10. November der Rat der Volksbeauftragten, dem jeweils drei Vertreter der beiden sozialdemokratischen Parteien angehörten: Friedrich Ebert, Philipp Scheidemann und Otto Landsberg von der MSPD, Hugo Haase, Wilhelm Dittmann und Emil Barth von den Unabhängigen. Barth war Vorsitzender der Berliner Revolutionären Obleute, der Vertrauensleute der USPD in den Berliner Großbetrieben. Dass er und nicht Karl Liebknecht in der Revolutionsregierung vertreten war, ging auf die Entscheidung des Spartakusführers selbst zurück. Am Abend des 9. November hatte er den USPD-Vorstand wissen lassen, dass er einem Kabinett mit den Mehrheitssozialisten nicht angehören wolle. Nominell teilten sich Ebert und Haase den Vorsitz des Kabinetts, faktisch aber dominierte Ebert von Anfang an das Gremium. Die MSPD verfügte außerdem über die administrativen Schlüsselstellungen im Apparat der Reichskanzlei und konnte auf diese Weise ihr überlegenes Machtgewicht zur Geltung bringen.

Dass sich MSPD und USPD überhaupt auf eine Koalitionsregierung einigten, war alles andere als selbstverständlich. Denn seit der Spaltung der Sozialdemokratie im Frühjahr 1917 hatten nicht nur die politischen Differenzen, sondern auch die persönlichen gegenseitigen Animositäten zugenommen. Wenn die zerstrittenen Genossen jetzt wieder zu gemeinsamer Arbeit zusammenfanden, war das vor allem auf den Druck der Basis zurückzuführen. Nach dem Sturz der Hohenzollernherrschaft verlangten Arbeiter und Soldaten mit Nachdruck ein Ende des «Bruderkampfes». Deutlich wurde dies auch in der Vollversammlung der Berliner Arbeiter- und Soldatenräte im Zirkus Busch am Nachmittag des 10. November. Als Karl Liebknecht, zunächst «mit großem Beifall begrüßt», erklärte: «Die Gegenrevolution ist auf dem Marsche, sie ist bereits in Aktion!», und, auf die Mehrheitssozialdemokraten weisend, vor «jenen» warnte, «die heute mit der Revolution gehen und vorgestern noch Feinde der Revolution waren», wurde er durch stürmische Rufe unterbrochen: «Einigkeit! Einigkeit!» Das war ein persönliches Fiasko für den Politiker, der wie kein anderer als Symbolfigur des Widerstands gegen den Krieg galt, seine Popularität aber offenbar überschätzt hatte. Mit großer Mehrheit wählte die Versammlung ein vierzehnköpfiges Aktionskomitee des Arbeiterrats und auch eines des Soldatenrats, die jeweils ebenfalls paritätisch aus Vertretern der MSPD und USPD besetzt wurden und am 11. November als Vollzugsrat des Arbeiter- und Soldatenrats Groß-Berlin unter dem Vorsitz von Richard Müller, des Sprechers der Revolutionären Obleute, zusammentraten. In seinen Erinnerungen hat Müller die vorherrschende Stimmung beschrieben: «Die Arbeiter wollten ein Zusammengehen der beiden Parteien, und sie hielten es für richtig, daß der zu wählende Arbeiterrat paritätisch zusammengesetzt wurde. So kam es ..., daß Funktionäre der Sozialdemokratie, die am Tage zuvor aus dem Betrieb geprügelt worden waren, weil sie sich nicht dem Generalstreik anschließen wollten, nunmehr als Mitglieder des Arbeiterrats gewählt wurden.» Hier zeigte sich ein Verhaltensmuster, das auch schon in den Januarstreiks 1918 zutage getreten war: die tiefverwurzelte Neigung der Arbeitermassen, sich den etablierten Autoritäten der Sozialdemokratie anzuvertrauen, sofern diese nur, wie es der Fall zu sein schien, wieder an ihre alten sozialistischen Ideale anknüpften und sich auf ihre tradierten kämpferischen Positionen zurückbesannen.

Alles in allem konnten die Repräsentanten der Mehrheitssozialdemokratie mit dem bisherigen Verlauf der Revolution zufrieden sein. Sie hatten sich wieder ins politische Spiel gebracht, Anschluss an die revolutionäre Bewegung gefunden und konnten sich nun daran machen, ihre Position Schritt um Schritt auszubauen. Dabei kam ihnen zugute, dass die Kompetenzen des Vollzugsrats, der den Rat der Volksbeauftragten kontrollieren sollte, nicht klar festgelegt worden waren, so dass die Regierung hoffen konnte, sich im Konfliktfalle durchzusetzen. Deutlich geworden war, dass die meisten Soldatenräte zur Mehrheitspartei neigten und auch unter den Vertretern der Arbeiterräte eher gemäßigte Auffassungen vorherrschten. Mit seinen ersten Maßnahmen sorgte der Rat der Volksbeauftragten überdies dafür, Besorgnisse über allzu radikale Neuerungen zu beschwichtigen. In einem ersten Aufruf «An das deutsche Volk!» vom 12. November war zwar davon die Rede, dass die aus der Revolution hervorgegangene Regierung sich zur Aufgabe mache, «das sozialistische Programm zu verwirklichen». Doch die unmittelbar beschlossenen Maßnahmen befassten sich vor allem mit der Aufgabe, die kriegsbedingten Altlasten des wilhelminischen Obrigkeitsstaates zu beseitigen: der Belagerungszustand, die Einschränkungen des Vereins- und Versammlungsrechts, die Zensur wurden aufgehoben, Meinungsfreiheit und Freiheit der Religionsausübung gewährt, politische Gefangene amnestiert und das Gesetz über den «Vaterländischen Hilfsdienst» von 1916 außer Kraft gesetzt. Darüber hinaus versprach die Regierung allerdings, vom 1. Januar 1919 an den achtstündigen Arbeitstag einzuführen und künftig alle Wahlen zu den Parlamenten nach dem gleichen, geheimen, direkten, allgemeinen Wahlrecht für alle, auch für Frauen, ab dem 20. Lebensjahr stattfinden zu lassen. Damit waren zwei wesentliche Forderungen der alten Sozialdemokratie erfüllt. Nach dem neuen Wahlrecht sollte auch die konstituierende Versammlung gebildet werden, deren Zusammentreten in nicht allzu ferner Zeit in Aussicht gestellt wurde. Von einer Vergesellschaftung der Produktionsmittel war freilich nicht die Rede. Vielmehr versprach die Regierung, «die geordnete Produktion aufrecht(zu)erhalten, das Eigentum gegen Eingriffe Privater sowie die Freiheit und Sicherheit der Person zu schützen». Damit kam sie den Ruhe- und Sicherheitsbedürfnissen der Bürger weit entgegen.

3. Der Alltag der Revolution

In den ersten Tagen der Revolution hatte sich das Straßenbild in vielen deutschen Großstädten schlagartig verändert: «Auf dem Damm endlose Züge von Soldaten, die ihre Gewehre auf d(em) Rücken gehängt, die Mützen schief gesetzt haben, rote Bänder im Knopfloch tragen ..., u(nd) Arbeiter, zum Teil mit Gewehren, dazwischen große rote Fahnen, voran und zur Seite Ordner mit Gewehren und roten Armbinden», beschrieb Theodor Wolff am 9. November die Szenerie in Berlin. «Mitten hindurch rollen ununterbrochen große, aus den Militärdepots genommene Lastautos, auf denen Soldaten u(nd) Zivilisten mit Gewehren hocken, sitzen u(nd) knien, gewöhnlich ein Gewehr im Anschlag – über allem die rote Fahne ... Der ganze Eindruck stark unheimlich und nervenerregend.»

Nach der Einigung zwischen MSPD und USPD und der Bildung des Rates der Volksbeauftragten trat rasch eine gewisse Beruhigung ein. Der Umsturz war weitgehend unblutig verlaufen, weil die alten Machthaber fast überall widerstandslos das Feld geräumt hatten. Es waren nur wenige Tote zu beklagen. Der Waffenstillstand, der den ersehnten Frieden bringen sollte, wurde am 11. November von der deutschen Delegation unter dem führenden Zentrumspolitiker Matthias Erzberger im Wald von Compiègne unterzeichnet. Die neuen Machthaber waren, so schien es, entschlossen, für Ordnung zu sorgen und das Eigentum zu schützen. Der Theologe und Philosoph Ernst Troeltsch beobachtete am 10. November: «Die Bürger gingen in Massen wie gewöhnlich im Grunewald spazieren. Keine eleganten Toiletten ..., manche wohl absichtlich einfach angezogen. Alles etwas gedämpft wie Leute, deren Schicksal irgendwo weit in der Ferne entschieden wird, aber doch beruhigt und behaglich, daß es so gut abgegangen war ... Auf allen Gesichtern stand geschrieben: Die Gehälter werden weiterbezahlt.» Einen ähnlichen Eindruck hielt Thomas Mann am selben Tage in München fest: «Ich bin befriedigt von der relativen Ruhe u(nd) Ordnung, mit der vorderhand wenigstens alles sich abspielt. Die deutsche Revolution ist eben die deutsche, wenn auch Revolution. Keine französische Wildheit, keine russisch-kommunistische Trunkenheit.»

Dass die Umwälzung auffallend ruhig und gewaltfrei verlaufen sei, war der vorherrschende Eindruck, der sich Gegnern und Anhängern der Revolution gleichermaßen aufdrängte. Und das galt nicht nur für die ländliche Gesellschaft, sondern auch für die Industrieregionen. Zumeist begnügten sich die Revolutionäre damit, den Offizieren die Kokarden und Rangabzeichen abzureißen. Das gehörte zum Ritual, wie auch das Aufziehen und Mitführen der roten Fahne, die zum Symbol des Umsturzes wurde. Überraschend schnell kehrte das Leben in Berlin und anderen Metropolen zur Normalität zurück, ja der Alltag schien durch das revolutionäre Geschehen nur wenig berührt worden zu sein. Straßenbahnen und Züge fuhren wieder regelmäßig, das Telefon funktionierte ebenso wie die Gas-, Wasser- und Stromversorgung. «Die Revolution hat nie mehr als kleine Strudel im gewöhnlichen Leben der Stadt gebildet, das ruhig in seinen gewohnten Bahnen drum herumfloss ...», bemerkte Harry Graf Kessler am 12. November. «Die ungeheure, welterschütternde Umwälzung ist durch das Alltagsleben Berlins kaum anders als im Detektivfilm hindurchgeflitzt.»

Nur die vielen Autos mit bewaffneten Soldaten und Arbeitern, die in den ersten Tagen der Revolution durch die Straßen sausten, und die bunten Plakate, die überall angeklebt wurden, erinnerten daran, dass tatsächlich eine Revolution stattgefunden hatte. Ansonsten ging das Leben scheinbar seinen gewohnten Gang. «Im Merkur klatschten gestern Philister ihre Skatkarten auf den Tisch, wie im schönsten Alltag. Das ist für mich die große Lehre: daß in den wüstesten weltgeschichtlichen Zeiten der Alltag doch fortläuft u(nd) sozusagen die Breite des

Raumes einnimmt», stellte der Romanist Victor Klemperer, der die Umwälzung in Leipzig erlebte, ernüchtert fest.

Diese Lehre vermittelte sich auch bereits dem damals elfjährigen Schüler Raimund Pretzel, der sich später als Sebastian Haffner einen Namen als historisch-politischer Publizist machen sollte. In seiner 1939 im englischen Exil geschriebenen Autobiografie «Geschichte eines Deutschen» erinnerte er sich, wie der gefürchtetste unter seinen Lehrern erklärte, hier in der Schule «habe jedenfalls keine Revolution stattgefunden, hier herrsche weiterhin Ordnung, und zur Bekräftigung dessen legte er ein paar von uns, die sich in der Pause beim Revolutionsspiel besonders hervorgetan hatten, über die Bank und verabreichte ihnen eine demonstrative Tracht Prügel». «Wir alle», kommentierte Haffner, «die wir der Exekution beiwohnten, empfanden dunkel, daß sie ein Symbol von böser und umfassender Vorbedeutung war. An einer Revolution stimmte etwas nicht, wenn bereits am Tage darauf die Jungen in der Schule für Revolutionsspielen verhauen wurden.»

Erfreut registrierte der Heidelberger Mediävist Karl Hampe Mitte November «allerlei Zeichen von Ordnung und Abneigung gegen Extreme». Das Bürgertum erholte sich in der Tat schnell vom ersten Schock und reagierte auf die neue Situation mit großer Anpassungsfähigkeit. Gleichsam über Nacht adaptierte es die proletarische Organisationsform der Räte. «Man überbietet sich allenthalben in Gründungen von allen möglichen Räten: Bauernräte, Bürgerräte, geistige Räte, Kunsträte, Theaterräte. Die deutsche Vereinsmeierei ist in die Arme der Revolution geflüchtet», lautete Hampes sarkastischer Kommentar. Die agilsten Vertreter des Bürgertums erkannten frühzeitig, worauf es ankam: Man musste die Begriffe des politischen Gegners besetzen, um ihn mit den eigenen Waffen zu schlagen. Die Bildung von Bürgerräten richtete sich gleichermaßen gegen die Monopolansprüche der Arbeiter- und Soldatenräte wie gegen ein Weitertreiben der Revolution. Um die überkommene Eigentumsordnung zu bewahren, und nicht etwa, weil sie sich plötzlich zu überzeugten Befürwortern der parlamentarischen Demokratie gemausert hatten, stimmten die meisten Bürgerräte in den Ruf nach möglichst raschen Wahlen zur Nationalversammlung ein. In diesem Punkt trafen sie sich mit der mehrheitssozialdemokratischen Führung, die sich mit der «Parlamentarisierung» der Reichsverfassung im Oktober 1918 bereits am Ziel ihrer Wünsche gewähnt hatte und vom Ausbruch der Revolution Anfang November nicht minder unangenehm überrascht worden war wie große Teile des Bürgertums.

Rasch kehrte der Alltag auch dort zurück, wo es nur wenige Tage zuvor noch zu Kämpfen gekommen war. Eine Art Revolutionstourismus begann sich zu entwickeln. Am 17. November, dem ersten Sonntag nach der Revolution, bewegten sich Kolonnen von Spaziergängern Unter den Linden herunter zum Marstall, um die Spuren der Gefechte an den Gebäuden zu betrachten. «Alles sehr friedlich in spießbürgerlicher Neugier; namentlich die sehr auffallenden Einschläge am Marstall wurden begafft», notierte Harry Graf Kessler. An den Wochentagen gingen die Berliner ihrer Arbeit und ihren Geschäften nach. Auch in der Unterhaltungsbranche gab es keine Einschränkungen, im Gegenteil: Sie erlebte in den ersten Wochen und Monaten der Revolution einen beispiellosen Aufschwung. Es war, als müssten viele Menschen nun schnell nachholen, was sie in den harten Kriegsjahren versäumt hatten. Jedenfalls brach sich die Vergnügungssucht in der Hauptstadt ungehemmt Bahn, und sie ließ sich auch durch die heftigen bürgerkriegsähnlichen Kämpfe seit Ende Dezember 1918 nicht abschrecken. «Im übrigen ging während aller Greuel das Großstadtleben seinen Weg weiter», beobachtete wiederum Ernst Troeltsch. «Musiker und Histrionen bieten sich an allen Plakatsäulen in Massen an, die Theater spielen weiter und versammeln ihr an Gewehrschüssen vorbeieilendes Publikum in gewohnter Masse, vor allem wird, wo irgend möglich, *getanzt* – ohne Rücksicht auf die Kohlen- und Lichtnot.»

Die allenthalben grassierende «Tanzwut» war ein Phänomen, das schon die Zeitgenossen zugleich irritierte und faszinierte. Während in den Wintermonaten 1918/19 immer noch zahlreiche ältere Menschen an den Folgen der Grippe starben, wurde in den Berliner Salons und Bars so wild getanzt wie noch nie. «Die Musik spielt in hunderten von Lokalen. Tänze über

Tänze, Walzer, Foxtrott, Onestep, Twostep, und die Beine rasen wie verhext über die Diele, die Röcke fliegen, der Atem jagt. Sektpropfen knallen ... Arme fuchteln begeistert in der Luft, und das Prosit Neujahr klingt über die Straßen, in denen eben noch der Schritt der Demonstranten klang», berichtete das «Berliner Tageblatt» am 1. Januar 1919. «Nie ist in Berlin so viel, so rasend getanzt worden. Zwischen Dreivierteltakt und Straßenwirrwarr, zwischen Konfetti und roten Fahnen gleiten die Paare ins neue Jahr.»

Und das galt nicht nur für die Hauptstadt, sondern auch für die Provinz. «Die breite Menge hat doch entsetzlich wenig Gefühl für das, was wir erleben», klagte der Heidelberger Karl Hampe am 1. Januar 1919. «Man beginnt die Nächte durchzutanzen, als sei nichts geschehen.» Die beliebtesten Tänze der Nachkriegszeit waren Charleston und Shimmy, Importe aus den USA, bei denen die Körper in ekstatische Zuckungen verfielen – das genaue Gegenbild zu den abgezirkelten Bewegungen militärischer Marschkolonnen, deren Macht, wie es schien, nun der Vergangenheit angehörte. Selbst in den unruhigen Tagen nach der Ermordung Rosa Luxemburgs und Karl Liebknechts Mitte Januar 1919 lief das Vergnügungsprogramm auf Hochtouren. «Abends in einem Kabarett in der Bellevue Strasse», rapportierte der Flaneur Harry Graf Kessler. «Rassige spanische Tänzerin. In ihre Nummer krachte ein Schuß hinein. Niemand achtete darauf.» Damit war Kessler wieder bei seinem Kernthema, das sich wie ein roter Faden durch sein Tagebuch zieht: «Geringer Eindruck der Revolution auf das großstädtische Leben. Dieses Leben ist so elementar, dass selbst eine weltgeschichtliche Revolution wie die jetzige wesentliche Störungen darin nicht verursacht.» Die Historiker haben solchen zeitgenössischen Berichten aus der Umbruchzeit bislang zu wenig Aufmerksamkeit geschenkt. Sie aufzugreifen und zu analysieren hieße, wichtige Korrekturen am überlieferten Bild der Revolution vorzunehmen, das eben nicht nur vom Erlebnis einer tiefgreifenden politischen Zäsur, sondern auch und in vielleicht noch stärkerem Maße von der Erfahrung einer ungebrochenen Kontinuität in Mentalität und Alltagsverhalten bestimmt war.

4. Revolution und Konterrevolution

Wie sollte es nun weitergehen mit der «phrasenlosesten Revolution, die je gewesen», wie Victor Klemperer den Novemberumsturz charakterisierte? Die Führer der Mehrheitssozialdemokratie besaßen ein relativ klares Konzept. Sie, die «Revolutionäre wider Willen» (Heinrich August Winkler) geworden waren, verstanden sich eher als Konkursverwalter des Kaiserreichs denn als entschiedene Neuerer. Sie wollten keine überstürzten Experimente, vielmehr ging es ihnen zuallererst um die Bewältigung der drängenden Tagesprobleme: Sicherung der Lebensmittelversorgung, Umstellung der Kriegs- auf die Friedenswirtschaft, Demobilisierung der Truppen und Wiedereingliederung der zurückkehrenden Soldaten in den Arbeitsprozess, Durchführung des Waffenstillstands und Vorbereitung der Friedensverhandlungen. «Wir mußten, nachdem wir die politische Macht in die Hand genommen hatten, dafür Sorge tragen, daß die Reichsmaschine nicht zusammenbricht», erklärte Friedrich Ebert auf der Reichskonferenz der Regierung der Volksbeauftragten mit den Vertretern der Länder am 25. November 1918 in Berlin. «Wir mußten Sorge tragen, daß diese Maschine weiterläuft, um unsere Ernährung und Wirtschaft aufrechterhalten zu können. Und das war kein leichtes Stück Arbeit.» Den Arbeiter- und Soldatenräten kamen in diesen Überlegungen nur die Rolle von Hilfsinstrumenten zur Verhinderung von Chaos und Anarchie zu. Sie sollten, wie Philipp Scheidemann in einer Versammlung der Berliner Soldatenräte vom 28. November deutlich machte, nicht auf Dauer institutionalisiert werden, sondern nur für eine Übergangszeit wirksam sein. «Die Arbeiter- und Soldatenräte sind ein Provisorium, das absolut notwendig ist, das geschaffen werden mußte, als das alte System zusammenbrach, das morscher war, als wir annahmen. Dieses Provisorium muß beibehalten werden, bis die Nationalversammlung da ist.» Die Nationalversammlung war für die MSPD-Führung eine Frage des Prinzips, und sie sollte nach ihrem Willen so schnell wie möglich zusammentreten. Erst diesem frei gewählten Parlament sollte es vorbehalten bleiben, die wesentlichen Entscheidungen über die gesellschaftliche und politische Zukunft zu treffen.

Die USPD, der Koalitionspartner, war in der Frage der künftigen Revolutionspolitik gespalten. Der rechte Flügel bekannte sich zwar auch zur Einberufung einer Nationalversammlung, wollte aber den Wahltermin möglichst weit hinausschieben, damit die Zwischenzeit genutzt werden konnte, um durch gesellschaftliche Strukturreformen die Grundlagen für eine sozialistische Demokratie zu legen. «Solange die infamen Abhängigkeitsverhältnisse bestehen, die die kapitalistische Produktion schafft, solange hilft die formale papierne Demokratie dem Proletariat einen Pappenstiel», schrieb Rudolf Breitscheid am 16. November im USPD-Zentralorgan «Die Freiheit». «Die Grundlagen dieser Abhängigkeit müssen mit Hilfe der uns durch die Revolution in die Hand gegebenen Mittel beseitigt werden. Dann erst können wir darangehen, die Demokratie nach ihrer formalen Seite auszubilden. Dann wird die aus wirklichen, freien Volkswahlen hervorgegangene Nationalversammlung gewählt werden, um auf diesem Boden, den zu verändern ihr schwer sein dürfte, weiter zu bauen.» Und Rudolf Hilferding bekräftigte wenige Tage später, es gelte «gerade im Interesse der demokratischen Entwicklung, die notwendigen demokratischen und sozialistischen Maßnahmen sofort zu treffen. Es gibt keine bessere Sicherung der Einberufung der Nationalversammlung als die Fortführung der Revolution.» Eben auf diese Linie hofften die USPD-Volksbeauftragten auch die Kollegen von der MSPD verpflichten zu können, was sich allerdings sehr bald als illusorisch erweisen sollte.

Die Vertreter des linken USPD-Flügels hingegen wandten sich gegen die Nationalversammlung und sprachen sich für ein Rätesystem aus. So forderte Ernst Däumig in der Sitzung des Vollzugsrats am 26. November: «Die Institution der A. u. S. Räte muß die gesetzgebende und gewalthabende Körperschaft bleiben.» Stelle man sich «auf den Boden einer schnell einzuberufenden Nationalversammlung», so sei «das Todesurteil» für die Arbeiter- und Soldatenräte gesprochen. Richard Müller, der Sprecher der Revolutionären Obleute und Vorsitzende des Vollzugsrats, erklärte in einer Versammlung der Groß-Berliner Arbeiterräte im Zirkus Busch am 19. November: «Die Nationalversammlung ist der Weg zur Herrschaft der Bourgeoisie ...; der Weg zur Nationalversammlung geht über meine Leiche» – ein Ausspruch, der ihm den Spitznamen «Leichenmüller» eintragen sollte. Mit der kategorischen Ablehnung der Nationalversammlung näherte sich die USPD-Linke dem Spartakusbund (wie sich die Spartakusgruppe seit dem 11. November nannte), der formal noch der USPD angehörte, tatsächlich allerdings eine Politik nach eigenen Vorstellungen verfolgte. Schon Karl Liebknechts Weigerung, in die Regierung der Volksbeauftragten einzutreten, zeigte, dass es für ihn und seine Anhänger keine wie immer geartete Zusammenarbeit mit der Mehrheitssozialdemokratie geben konnte. «Es darf keine Stimme einem Regierungssozialisten gegeben werden. Sie haben die Revolution vier Jahre lang verraten und werden es wieder tun», hieß es in einem Flugblatt vom 10. November. Unter der Parole «Alle Macht den Räten!» entfaltete der Spartakusbund eine rege Agitation für das Weitertreiben der Revolution. «Scheidemann-Ebert sind die berufene Regierung der deutschen Revolution in ihrem heutigen Stadium», schrieb Rosa Luxemburg am 18. November in der «Roten Fahne», deren redaktionelle Leitung sie nach ihrer Rückkehr gemeinsam mit Karl Liebknecht übernommen hatte. «Aber die Revolutionen stehen nicht still. Ihr Lebensgesetz ist rasches Vorwärtsschreiten, über sich selbst Hinauswachsen ... Der Anfang ist gemacht. Das Weitere ist nicht in der Hand der Zwerge, die den Lauf der Revolution aufhalten, dem Rad der Geschichte in die Speichen fallen wollen.» Wer für die Nationalversammlung plädiere, davon war Rosa Luxemburg überzeugt, schraube die Revolution «bewußt oder unbewußt auf das historische Stadium bürgerlicher Revolutionen zurück». Die von der Geschichte auf die Tagesordnung gesetzte Frage laute: «bürgerliche oder sozialistische Demokratie».

Freilich war der Aktionsradius des Spartakusbundes sehr begrenzt, nicht zuletzt aufgrund der geringen Zahl seiner Anhänger und der noch schwach ausgebildeten Organisation. So war es nur unter großen Mühen gelungen, in Berlin eine Druckerei zu finden, die bereit war, «Die Rote Fahne» herzustellen. Auf die Arbeiter- und Soldatenräte, für deren Herrschaft sich Liebknecht und Luxemburg so erwärmten, übte der Spartakusbund keinen nennenswerten Einfluss aus. Hier besaßen vielmehr – das haben die Forschungen zur Rätebewegung in den 1960er und 1970er Jahren eindeutig erwiesen – die MSPD und die gemäßigten Vertreter der USPD ein erdrückendes Übergewicht. Von einer Rätediktatur nach russischem Muster war Deutschland im November und Dezember 1918 weit entfernt. Dennoch wurde diese Gefahr in bürgerlichen Kreisen unaufhörlich beschworen und dem Spartakusbund eine weit über seinen tatsächlichen Einfluss hinausgehende Bedeutung zugeschrieben. «Spartakus» wurde zum Schreckwort. Damit ließen sich vortrefflich Ängste schüren vor Chaos, Terror und Bürgerkrieg, und zwar vor allem bei jenen, die von grundlegenden sozialen Reformen einen Verlust ihrer privilegierten Stellung befürchten mussten. Wie wirksam dieses Feindbild war, lässt sich daran ablesen, dass selbst ein so nüchterner Beobachter wie Theodor Wolff bereits am 12. November davon überzeugt war, «daß die Spartakusleute und sehr viel Gesindel bewaffnet auf eine Gelegenheit zu putschen lauern».

Ganz ähnlich lautete der Tagebucheintrag eines Offiziers im preußischen Kriegsministerium, Ernst van den Bergh: «Spartakusleute: Raub- und plünderungslustiges Gesindel, das teils wild bewaffnet ist, teils erst bei Putschen bewaffnet werden soll, Liebknecht-Parteigänger und vielleicht 10 000 Deserteure und Drückeberger –, alles Leute, die nicht viel zu verlieren haben, die gefährliche Hyänen werden, wenn sie die Macht haben, aber ein feiges Gesindel, wenn ihnen die Zähne gezeigt werden.» Aller Hass konzentrierte sich auf Karl Liebknecht und Rosa Luxemburg. «Wenn Du wüßtest, wie ... ich hier lebe – wie im Hexenkessel», schrieb Rosa Luxemburg an ihre alte Freundin Clara Zetkin, die Mitbegründerin der sozialdemokratischen Frauenbewegung. «Gestern nacht um 12 Uhr bin ich zum ersten Mal in meine Wohnung gekommen, und zwar nur deshalb, weil wir beide – Karl und ich – aus sämtlichen Hotels dieser Gegend (um den Potsdamer Platz und den Anhalter Bahnhof) ausgewiesen worden sind!» Bereits Anfang Dezember 1918 wurden an Berliner Litfaßsäulen Plakate geklebt mit der Aufforderung, die beiden Wortführer des Spartakusbundes zu ermorden. «Schlagt ihre Führer tot! Tötet Liebknecht! Dann werdet ihr Frieden, Freiheit und Brot haben.»

In die Kampagne gegen «Spartakus» mischten sich antisemitische Ressentiments, die sich in der Kriegszeit deutlich radikalisiert hatten. Die Juden wurden als eigentliche Drahtzieher der Revolution hingestellt, und die Tatsache, dass einige von ihnen, wie Kurt Eisner in Bayern, führende Positionen in den Revolutionsregierungen bekleideten, bestärkte ihre Gegner in ihrem Hass. Seit November 1918 wurden Stadt und Land mit antisemitischen Flugblättern geradezu überschwemmt. «Es weht Pogromluft auch in Deutschland», hieß es in der Dezemberausgabe der Zeitschrift des Centralvereins deutscher Staatsbürger jüdischen Glaubens.

Die Führer der Mehrheitssozialdemokratie taten wenig, um der systematisch betriebenen Hetze entgegenzutreten. Im Gegenteil: Sie hatten das antibolschewistische Feindbild selbst in starkem Maße verinnerlicht und kannten keine Bedenken, die damit verbundenen Bedrohungsängste in den innenpolitischen Auseinandersetzungen zu instrumentalisieren. Dabei konnten sie sich allerdings zunutze machen, dass die Sprecher des Spartakusbundes sich in ihrem Kampf gegen die MSPD-Volksbeauftragten einer aggressiven Rhetorik befleißigten, die den Eindruck erwecken konnte, als steuerten sie tatsächlich den Bürgerkrieg an. Eine übertriebene Bolschewismusfurcht verband sich bei Ebert und Scheidemann mit einer ausgeprägten Angst vor Unordnung und Anarchie. Diesen «Anti-Chaos-Reflex» (Richard Löwenthal) wiederum teilten sie mit weiten Kreisen des Bürgertums und vor allem mit dem alten Offizierskorps. Für die meisten führenden Militärs verkörperten die MSPD-Führer, wie Oberst Ernst van den Bergh bemerkte, «jetzt die Richtung, die alle Vernünftigen aus voller Überzeugung unterstützen müssen». Nur eine auf sie eingeschworene Truppe könne die Situation stabilisieren und ein Weitertreiben der Revolution verhindern.

Bereits am Abend des 10. November hatte Wilhelm Groener, nach Hindenburg der wichtigste Mann in der Obersten Heeresleitung, über Telefon Kontakt zu Ebert aufgenommen. Lapidar vermerkte er darüber in seinem Tagebuch: «O.H.L. stellt sich der Regierung zur Verfügung.» In seinen später veröffentlichten Erinnerungen hat Groener den Inhalt des Gesprächs präziser wiedergegeben. Demnach hat er gesagt: «Das Offizierskorps erwarte von der Regierung die Bekämpfung des Bolschewismus und sei dafür zum Einsatz bereit. Ebert ging auf meinen Bündnisvorschlag ein. Von da ab besprachen wir uns täglich abends auf einer geheimen Leitung zwischen der Reichskanzlei und der Heeresleitung über die notwendigen Maßnahmen. Das Bündnis hat sich bewährt.» An Eberts Bereitschaft, auf Groeners «Vorschlag» einzugehen, kann es keinen Zweifel geben. Ein förmliches «Bündnis» war damit allerdings nicht geschlossen, wohl aber eine Kooperation verabredet, die sich für den weiteren Verlauf der Revolution als höchst folgenreich erweisen sollte.

Einen Tag später, am 11. November, kam die Regierung der Volksbeauftragten einer Bitte Hindenburgs nach und ersuchte die Heeresleitung durch ein Telegramm, «für das gesamte Feldheer anzuordnen, daß die militärische Disziplin, Ruhe und straffe Ordnung im Heer unter allen Umständen aufrechtzuerhalten sind». Den Befehlen sei bis zur Entlassung «unbedingt zu gehorchen». Die Vorgesetzten sollten ihre Waffen und Rangabzeichen behalten. Wo sich Soldatenräte gebildet hatten, sollten diese die Offiziere bei der Aufrechterhaltung von «Zucht und Ordnung rückhaltlos» unterstützen. Damit hatte die Heeresleitung ein wichtiges Etappenziel erreicht: Die Befehlsgewalt der Offiziere war im Wesentlichen wieder hergestellt, die Armee in ihrer bisherigen Struktur zunächst nicht angetastet worden. Die Soldatenräte sahen sich unversehens in die Rolle untergeordneter Organe zurückgedrängt. Sie waren zwar «in allen wirtschaftlichen und sozialen Fragen» von den Truppenbefehlshabern zu konsultieren, doch sollte die Führung der Truppe «fest in der Hand der Kommandobehörden» bleiben.

Gewiss bedurfte die Regierung für die schwierige Aufgabe der Demobilisierung von acht Millionen Soldaten der Mitwirkung der Obersten Heeresleitung. Aber war es notwendig, mit einer Institution, die aus ihrer prononciert antirepublikanischen Einstellung niemals einen Hehl gemacht hatte, eine enge Partnerschaft einzugehen? Die MSPD-Volksbeauftragten waren überzeugt, dass sich die Militärs freiwillig auf den Boden der vollzogenen Tatsachen stellen würden. Das unbedingte Vertrauen in die Loyalität von Heeresleitung und Offizierskorps brachten Ebert und Scheidemann selbst immer wieder zum Ausdruck. Als etwa Emil Barth am 20. November im Kabinett forderte, Hindenburg zu entlassen, um die Behauptung der Entente vom «Fortbestehen des deutschen Militarismus» zu widerlegen, antwortete ihm Ebert: Hindenburg habe «auf Ehrenwort versichert, hinter der neuen Regierung zu stehen». Es liege mithin «kein triftiger Grund vor, an Hindenburgs Stellung zu rütteln». Scheidemann bemerkte Ende Dezember: «Gewiß gibt es ein Dutzend Offiziere, die zu verrückten Streichen fähig sind. Aber auf der anderen Seite da stehen diejenigen, die die Revolution gefährden. Denen gegenüber müssen wir uns wehren.» Der Gedanke, dass auch von den Aktivitäten des alten Generalstabs eine Gefahr für die Revolution ausgehen könnte, lag den MSPD-Führern offenbar vollkommen fern.

Die Folgen dieser Vertrauensseligkeit zeigten sich rasch. Innerhalb weniger Wochen konnte die OHL verloren geglaubtes Terrain zurückgewinnen und sich als die entscheidende innenpolitische Ordnungsmacht etablieren. Auch nach außen legten die Offiziere schon bald wieder ein auftrumpfendes Selbstbewusstsein an den Tag. «Auf der Straße am Potsdamer Platz sah ich zum ersten Male seit der Revolution wieder einen Offizier mit Achselstücken», notierte Harry Graf Kessler am 15. November. Und einen Monat später, als die zurückkehrenden Gardetruppen in Berlin festlich empfangen wurden, beobachtete er: «Auffallend, dass keine rote Fahne mehr zu sehen ist; alles nur schwarz-weiß-rot, schwarz-weiß und vereinzelt schwarz-rot-gold. Mannschaften und Offiziere gehen meistens wieder mit Kokarden und Achselstücken. Der Unterschied gegen Mitte November ist groß.»

Nicht nur beim Militär, auch in der zivilen Verwaltung scheuten die Volksbeauftragten vor Eingriffen zurück. Sie glaubten, ohne den Sachverstand der Experten die drängenden Probleme des Tages nicht bewältigen zu können. Deshalb forderten sie in ihren ersten Aufrufen vom 9. November die Beamten auf, sich in den Dienst der neuen Regierung zu stellen. «Hätten wir die erfahrenen bisherigen Leiter der Reichsämter entfernt, hätten wir diese Stellen besetzen müssen mit Leuten, denen die erforderliche Kenntnis und Erfahrung fehlt, dann wären wir in einigen Tagen am Ende gewesen», begründete Ebert diese Politik auf der Reichskonferenz der Regierung der Volksbeauftragten und der Vertreter der Länder am 25. November. So blieben auch hohe Beamte, wie die Landräte in Preußen, auf ihren Posten, die aus ihren Sympathien mit dem gerade zusammengebrochenen monarchischen Obrigkeitsstaat und ihrer Ablehnung der demokratischen Neuordnung keinen Hehl machten. Kein einziger dieser Funktionsträger des alten Systems wurde aus seinem Amt entlassen. Wo es zu Konflikten zwischen örtlichen Arbeiter- und Soldatenräten und lokalen Verwaltungen kam, entschied die Berliner Zentrale in der Regel für die Letzteren. «Das Herum- und Hineinregieren der Arbeiter- und Soldatenräte muß aufhören», erklärte Ebert in der Kabinettssitzung vom 13. Dezember.

Insgesamt aber vollzog sich die Zusammenarbeit überraschend reibungslos, wobei das Anpassungsvermögen der Bürokratie und der Verzicht auf ein personelles Revirement vonseiten der meisten Räte gleichermaßen eine Rolle spielten. Den im Amt verbliebenen Staatssekretären in den Reichsbehörden wurden zwar jeweils «Beigeordnete» aus den Reihen von MSPD und USPD an die Seite gestellt, die eine Kontrollfunktion ausüben sollten. Tatsächlich jedoch blieb ihr Einfluss auf die Dienstgeschäfte gering, weil sie von der hohen Ministerialbürokratie jederzeit von Informationen abgeschnitten und relativ leicht ausgeschaltet werden konnten. Selbst als Wilhelm Solf, der Staatssekretär des Auswärtigen, nach einem heftigen Zusammenstoß mit Haase und Barth in einer Kabinettssitzung am 9. Dezember demissionierte, griff die neue Regierung auf einen

Mann des alten Systems zurück – auf den deutschen Gesandten in Kopenhagen, Ulrich Graf Brockdorff-Rantzau. Eine Demokratisierung der Verwaltung im Sinne ihrer Neuausrichtung auf die republikanischen Machtverhältnisse blieb aus, und auch das sollte sich langfristig als eine Belastung der jungen Demokratie erweisen. «Statt eine reine sozialistische Politik einzuleiten, treibt man eine Amateurpolitik nach altem Muster, denn man behält die alten Geheimräte und die arbeiten nach der alten Schablone», kritisierte Hermann Molkenbuhr, langjähriger Sekretär im SPD-Parteivorstand, Ende November 1918.

Noch schwerer wog die Zurückhaltung, welche die MSPD-Volksbeauftragten gegenüber jeder Änderung der wirtschaftlichen Eigentumsverhältnisse an den Tag legten. Eine durchgreifende Agrarreform unterblieb, nicht zuletzt aus Angst davor, dass dadurch die Lebensmittelversorgung gefährdet werden könne. Bereits in seinem Aufruf vom 11. November gab der Rat der Volksbeauftragten den im Kriegsausschuss der deutschen Landwirtschaft versammelten agrarischen Lobbyisten eine Besitzgarantie: «Die ländliche Bevölkerung kann versichert sein, daß die Reichsregierung sie nachdrücklichst schützen wird vor allen Eingriffen Unberufener in ihre Eigentums- und Produktionsverhältnisse.» Diese Erklärung beruhigte vor allem die Rittergutsbesitzer im ostelbischen Preußen, die durch die Abschaffung des preußischen Dreiklassenwahlrechts und damit den Verlust der konservativen Vorherrschaft im größten deutschen Bundesstaat ohnehin alarmiert waren. In den meisten Bauernräten, deren Bildung der Rat der Volksbeauftragten im November befürwortete, dominierten die Interessen des Großgrundbesitzes, jedenfalls waren sie weit davon entfernt, Organe der Revolution zu sein. Zwar hob die Vorläufige Landarbeiterverordnung vom 24. Januar 1919 die alten Gesindeordnungen aus der Zeit des Kaiserreichs und ihre diskriminierenden Ausnahmeregelungen für Landarbeiter auf. Diesen war es damit endlich möglich, es den Industriearbeitern gleichzutun und sich gewerkschaftlich zu organisieren. Doch die ökonomische Macht der preußischen Junker und damit ein Kernelement agrarkonservativer Herrschaft auf dem flachen Land blieb unangetastet.

Für das Schicksal der Weimarer Republik sollte sich das als besonders schwere Hypothek erweisen.

Neben den ostelbischen Rittergutsbesitzern zählten die Industriebarone an Rhein und Ruhr zu den gesellschaftlichen Gruppen, die sich vor 1918 am vehementesten gegen jede Form innenpolitischer Liberalisierung und Demokratisierung ausgesprochen und sich für uferlose Kriegsziele stark gemacht hatten. Und auch sie mussten nach dem Novemberumsturz einen Verlust ihrer angestammten Machtposition befürchten, zählte doch die Forderung nach Vergesellschaftung der Schlüsselindustrien zu einem wichtigen Element sozialdemokratischer Programmatik. Tatsächlich drängten auch die Vertreter der USPD im Rat der Volksbeauftragten auf eine rasche Sozialisierung der dafür reifen Produktionszweige. Ihre Kollegen von der MSPD waren hingegen eher geneigt, diese Frage zu vertagen, um die wirtschaftliche Erholung nicht durch übereilte Experimente zu gefährden. Andererseits konnten sie hier aber das Feld nicht einfach den Unabhängigen überlassen. Der Beschluss der Regierung vom 18. November stellte einen klassischen Kompromiss dar: Zwar sollten, wie es hieß, «diejenigen Industriezweige, die nach ihrer Entwicklung zur Sozialisierung reif sind, sofort sozialisiert werden». Doch besonders dringlich war es dem Kabinett mit der Umsetzung dieses Beschlusses nicht, denn gleichzeitig wurde entschieden, dass «eine Kommission namhafter Nationalökonomen ... alsbald zusammenberufen werden» sollte, «um unter Hinzuziehung der Praktiker aus den Reihen der Arbeiter und Unternehmer die Einzelheiten festzulegen». Diese Kommission trat erst am 5. Dezember unter dem Vorsitz von Karl Kautsky, dem einstigen Cheftheoretiker der SPD, der im Kriege zur USPD übergetreten war, zusammen, und ihre Beratungen schleppten sich wochenlang ergebnislos dahin. Nicht ganz zu Unrecht bezeichnete Liebknecht die Sozialisierungskommission als eine «Kommission gegen die Sozialisierung».

Allerdings kam dem Beschluss der Volksbeauftragten ohnehin keine große Bedeutung zu. Denn zuvor hatten sich Gewerkschaften und Unternehmer auf die Beibehaltung der bestehenden Wirtschaftsordnung verständigt. Bereits im Oktober 1918 hatten hier erste Gespräche über eine Zusammenarbeit nach Kriegsende stattgefunden. Die Revolution von Anfang November führte dann auch den Hardlinern unter den Großindustriellen vor Augen, dass sie den Gewerkschaften weiter entgegenkommen mussten als bisher, wenn sie nicht riskieren wollten, die Kontrolle über die Entwicklung zu verlieren. Am 15. November wurde eine förmliche Vereinbarung, das Stinnes-Legien-Abkommen, geschlossen – so benannt nach den Verhandlungsführern, dem Schwerindustriellen Hugo Stinnes, und dem Vorsitzenden der Generalkommission der Gewerkschaften, Carl Legien. Darin wurden die Gewerkschaften als «berufene Vertreter der Arbeiterschaft» anerkannt und alle Beschränkungen der Koalitionsfreiheit für unzulässig erklärt. Die Arbeitgeber verpflichteten sich, die wirtschaftsfriedlichen «gelben» Werkvereine nicht mehr zu unterstützen, und sie erkannten den Anspruch der aus dem Krieg heimkehrenden Arbeiter auf ihre früheren Arbeitsplätze an. Außerdem sah das Abkommen die Regelung der Arbeitsbedingungen durch Tarifverträge vor, ferner die Bildung von Arbeiterausschüssen in allen Betrieben mit mehr als 50 Beschäftigten, die Einrichtung paritätischer Schlichtungsinstanzen sowie die Festsetzung der täglichen Arbeitszeit auf maximal acht Stunden bei vollem Lohnausgleich. Die Durchführung der Vereinbarungen wurde einer Zentralarbeitsgemeinschaft der industriellen und gewerblichen Arbeitgeber- und Arbeitnehmerverbände (ZAG) übertragen.

Die Gewerkschaftspresse pries das Abkommen als «Magna Charta der deutschen Arbeiter». Tatsächlich markierte es im Vergleich zur Lage der Gewerkschaften in der Vorkriegszeit einen bedeutenden sozialpolitischen Fortschritt. Doch den größeren Nutzen daraus zogen die Unternehmer. Denn indem sie die Gewerkschaftsführer auf das bestehende Wirtschaftssystem einschließlich der privaten Verfügungsmacht über die Produktionsmittel verpflichteten, war der Forderung nach Sozialisierung der Schlüsselindustrien ein mächtiger Riegel vorgeschoben worden. In diesem Sinne erklärte der Vorsitzende des Vereins Deutscher Eisen- und Stahlindustrieller, Gerhard Ewald Hilger, am 14. November: «Wir wollen froh sein, daß die Gewerkschaften in der Weise, wie sie es getan haben, sich noch bereit finden, mit uns zu verhandeln. Denn nur ... durch unser Abkommen mit den Gewerkschaften können wir Anarchie, Bolschewismus, Spartakusherrschaft und Chaos ... verhindern.»

Nach dem Schock der ersten Revolutionstage konnten sich die Vertreter der alten Eliten aus Militär, Bürokratie, rheinisch-westfälischer Schwerindustrie und ostelbischem Großgrundbesitz Ende November 1918 schon wieder recht sicher fühlen. Die gegenrevolutionären Kräfte befanden sich im Aufwind. Das wurde deutlich am 6. Dezember, als Angehörige eines Ersatzbataillons vor die Reichskanzlei zogen, Ebert Ovationen darbrachten, die «Misswirtschaft» des Vollzugsrats anprangerten und den Zusammentritt der Nationalversammlung noch im Dezember verlangten. Am Ende der Demonstration trug der Anführer der Gruppe Ebert die Präsidentschaft der Republik an, worauf dieser aber ausweichend antwortete: «Das ist eine hochwichtige Angelegenheit, deren Entscheidung allein in den Händen des Rates der Volksbeauftragten liegt.» Im Laufe des Tages wurde der Vollzugsrat vorübergehend von bewaffneten Soldaten verhaftet. Bei anschließenden Gefechten zwischen Gardefüsilieren und linken Demonstranten wurden 16 Menschen getötet und 12 schwer verwundet.

In einer gemeinsamen Sitzung von Kabinett und Vollzugsrat am 7. Dezember, in der die Ereignisse vom Vortage besprochen wurden, sah sich Ebert heftigen Anklagen ausgesetzt. Er hätte die Soldaten «energisch in ihre Schranken zurückweisen müssen», warf ihm der USPD-Vertreter Georg Ledebour vor, und sein Parteifreund Ernst Däumig pflichtete ihm bei: Im Vollzugsrat habe man den Eindruck, dass die Mitglieder des Kabinetts «zu sehr von der Atmosphäre der alten Regierung beeinflußt» würden und «sich nicht mehr als Revolutionsregierung» fühlten. Sie hätten nichts getan, um der Diskreditierung des Vollzugsrats in der öffentlichen Meinung entgegenzutreten. Däumig glaubte, die Drahtzieher der gegenrevolutionären Bestrebungen ausgemacht zu haben: «Die Generale, die Schwerindustrie, die Großagrarier haben doch noch nicht ihren Frieden mit der Revolution gemacht.» Ein Antrag, Ebert aus der Regierung zu entfernen, wurde zwar mit großer Mehrheit abgelehnt; dass er überhaupt gestellt werden konnte, zeigt jedoch, wie sehr sich die Gegensätze innerhalb der revolutionären Institutionen inzwischen verschärft hatten.

Dazu trug auch der Einmarsch der Gardetruppen in Berlin am 10. Dezember und den darauffolgenden Tagen bei. Der Vollzugsrat hatte den Einmarsch verhindern wollen, nach einem geharnischten Protest der OHL wurde er vom Rat der Volksbeauftragten gestattet – allerdings unter der Bedingung, dass die Truppen zuvor auf die Deutsche Republik und die provisorische Regierung vereidigt würden. Die Ansprache, mit der Ebert am 10. Dezember die heimkehrenden Soldaten vor dem Brandenburger Tor begrüßte, war ganz auf die Mentalität der Militärs zugeschnitten. «Kein Feind hat Euch überwunden! Erst als die Übermacht der Gegner an Menschen und Material immer drückender wurde, haben wir den Kampf aufgegeben.» Aus dem Munde des wichtigsten Repräsentanten der Revolutionsregierung nahmen sich diese Worte merkwürdig aus. Wer wollte, konnte sie sogar als indirekte Bestätigung der Dolchstoßlegende interpretieren.

Nach dem Willen der OHL sollte die Anwesenheit der Gardetruppen in der Hauptstadt dazu dienen, die Position Eberts sowohl gegenüber dem Vollzugsrat als auch gegenüber dem USPD-Koalitionspartner zu stärken und damit die Machtverhältnisse in Berlin zugunsten der «gemäßigten Kräfte» zu revidieren. Allerdings drängten die meisten Soldaten nach Hause; für die ihnen zugedachte Rolle als «Retter vor dem Bolschewismus» standen sie nicht mehr zur Verfügung. Die MSPD-Volksbeauftragten sahen sich mehr denn je vor die Aufgabe gestellt, sich des Schutzes einer zuverlässigen Truppe zu vergewissern, mit deren Hilfe sie den Einfluss der revolutionären Kräfte zurückdrängen und die angestrebte frühe Wahl zur Nationalversammlung durchführen konnten.

Bereits in der Kabinettssitzung am 3. Dezember hatte Ebert angeregt, «neue militärische Organe auf demokratischer Grundlage» zu schaffen, «eine Truppe ganz zur Verfügung der Reichsleitung». Am 6. Dezember wurde das Gesetz «zur Bildung einer freiwilligen Volkswehr» beschlossen. Sie sollte aus den Armeeabteilungen des Westheeres zusammengestellt werden und insgesamt 11 000 Mann umfassen. Mannschaften und Offiziere sollten darauf verpflichtet werden, «der sozialistisch-demokratischen Republik mit allen Kräften und nach bestem Wissen zu dienen und ihre Gesetze und Anordnungen genau zu befolgen». Doch die Heeresleitung setzte dem Volkswehr-Projekt zähen Widerstand entgegen, und die Regierung unternahm wenig, um dem eigenen Beschluss Taten folgen zu lassen. Auf dem Reichsrätekongress von Mitte Dezember 1918 sollte gerade die militärpolitische Passivität der Volksbeauftragten zum Gegenstand heftiger Kritik werden.

5. Der Rätekongress

Am 17. November 1918 hatte der Berliner Vollzugsrat beschlossen, in nicht allzu ferner Zeit eine Delegiertenversammlung der Arbeiter- und Soldatenräte aus ganz Deutschland einzuberufen, die über die Frage Nationalversammlung oder Rätesystem entscheiden und zugleich einen Zentralrat als oberstes Vollzugsorgan wählen sollte. Eine Woche später, am 23. November, wurde der Wahlmodus zum Rätekongress bekannt gegeben: Auf 200 000 Einwohner beziehungsweise beim Heer auf 100 000 Mann sollte jeweils ein Delegierter kommen. Die MSPD-Volksbeauftragten konnten dem Ergebnis einigermaßen gelassen entgegensehen, denn in den meisten lokalen Arbeiter- und Soldatenräten besaßen die Vertreter ihrer Richtung ein deutliches Übergewicht. Tatsächlich waren unter den 514 Delegierten, die sich am Vormittag des 16. Dezember im Preußischen Abgeordnetenhaus zum Ersten Reichsrätekongress zusammenfanden, rund 300 der MSPD und nur 100 der USPD zuzurechnen; die übrigen gehörten einer der bürgerlich-demokratischen Gruppierungen oder gar keiner Partei an. Kennzeichnend für die Zusammensetzung des Kongresses war, dass ein gleich zu Beginn gestellter Antrag, Karl Liebknecht und Rosa Luxemburg, die «sich um die Revolution so außerordentlich verdient gemacht haben», als «Gäste mit beratender Stimme» zu laden, abgelehnt wurde. Deutlicher konnte nicht zum Ausdruck gebracht werden, wie wenig Rückhalt die Spartakusanhänger in den Räteorganisationen besaßen.

Ebert gab in seiner Eröffnungsrede noch einmal einen Rückblick auf die vergangenen sechs Wochen nach dem 9. November. Dabei ließ er keinen Zweifel daran, was er für die dringlichste Aufgabe ansah: nämlich die möglichst frühe Wahl der Konstituante. «Demokratie und Nationalversammlung, die endgültige Überwindung der Willkürherrschaft, die dauernde Garantie der Selbstregierung des Volkes, das muß in dieser Zeit unsere Hauptsorge sein.» Angesichts der überwältigenden Majorität der MSPD-Delegierten stand die Entscheidung in der Frage Nationalversammlung oder Rätesystem von vornherein fest. Die Debatte, die darüber auf dem Kongress geführt wurde, hatte im Grunde nur noch deklamatorischen Charakter. Für die MSPD plädierte Max Cohen, ein Mitglied des Vollzugsrats, für die Nationalversammlung als den einzigen Weg, um «den Willen des deutschen Volkes» unzweifelhaft festzustellen. Dem Argument der USPD, die Wahl hinauszuschieben, um Zeit zu gewinnen für sozialistische Strukturreformen, hielt er entgegen, dass «nicht mehr Sozialismus durchführbar sein» werde, «als die Mehrheit des Volkes will». Mit überwältigender Majorität lehnten die Teilnehmer den Antrag ab, «an dem Rätesystem als Grundlage der Verfassung der sozialistischen Republik» festzuhalten und den Arbeiter- und Soldatenräten die höchste gesetzgebende und vollziehende Gewalt zu übertragen. Stattdessen wurde der Gegenantrag der Mehrheitssozialdemokraten angenommen, die Wahlen zur Nationalversammlung bereits auf den 19. Januar 1919 festzulegen. Das war ein früherer Termin als jener 16. Februar, auf den sich der Rat der Volksbeauftragten schließlich geeinigt hatte.

Für den Sprecher des linken USPD-Flügels, Ernst Däumig, bedeutete «die jubelnde Zustimmung zur Nationalversammlung» das «Todesurteil» für die Räte, und er warf den Delegierten vor, sich in einen «politischen Selbstmörderklub» verwandelt zu haben. Denn die Vorstellung, dass das Rätesystem noch weiterbestehen könne, wenn die Nationalversammlung komme, sei eine Chimäre. «Was soll denn dieses Rätesystem neben einem sich so breitspurig einnistenden parlamentarisch-demokratisch-bürgerlichen System, wie es die Nationalversammlung einmal im Gefolge hat. Eine leere Staffage, eine Marionette! ... Ach nein, dieses beides läßt sich nicht miteinander vereinigen; man muß das eine oder das andere wollen.» Tatsächlich war jedoch die Einführung des «reinen» Rätesystems, wie es den USPD-Linken und den Anhängern des Spartakusbundes vorschwebte, von Anfang an keine realistische Option. Denn die meisten lokalen Arbeiter- und Soldatenräte verstanden sich ja gerade nicht als Alternative zu einem frei gewählten Parlament, sondern waren durchaus willens, sich mit der Rolle, die ihnen die mehrheitssozialdemokratische Führung zugedacht hatte, zufriedenzugeben: das heißt, als ein zeitlich befristetes Provisorium mitzuhelfen bei der Stabilisierung der innenpolitischen Lage. Und noch mehr galt dies für die Bürgerräte, die in den Novembertagen, besonders in der Provinz, wie Pilze aus dem Boden schossen und sich erklärtermaßen gegen ein Weitertreiben der Revolution richteten.

Die Freude der MSPD-Führer über die Entscheidung für die Nationalversammlung blieb nicht ungetrübt. Denn zugleich fasste der Rätekongress in zwei weiteren wichtigen Fragen, der Sozialisierung und der militärischen Kommandogewalt, Beschlüsse, die ihnen gar nicht ins Konzept passten. Was den Tagesordnungspunkt «Sozialisierung des Wirtschaftslebens» betraf, war es der USPD-Volksbeauftragte Emil Barth, der nach einem einführenden Referat Hilferdings die Delegierten in einer leidenschaftlichen Rede mitriss: «Es ist unmöglich, die Arbeitermasse weiter in den Betrieben zu halten, ohne daß die Masse weiß, es wird sozialisiert (lebhafte Zustimmung bei der Mehrheit).» Die Sozialisierung sei «die Frage der Fragen der Gegenwart», und die Arbeiter wollten hier endlich Taten sehen. Mit großer Mehrheit nahm der Kongress einen Antrag an, der die Regierung aufforderte, «mit der Sozialisierung aller hierzu reifen Industrien, insbesondere des Bergbaus, unverzüglich zu beginnen». Dieser Beschluss zeigt, dass der Wunsch nach gesellschaftlichen Strukturreformen auch unter den sozialdemokratisch orientierten Delegierten lebendig war. Und er beinhaltete eine deutliche Kritik an den MSPD-Volksbeauftragten, die mit der Einsetzung der Sozialisierungskommission Anfang Dezember die Entscheidung zunächst einmal auf die lange Bank geschoben hatten.

Das galt noch mehr für die militärpolitischen Beschlüsse des Kongresses. In der Eröffnungssitzung am 16. Dezember war es Ebert noch gelungen, die Frage der Neuordnung im militärischen Bereich zu vertagen. Sie sollte anschließend in Verhandlungen zwischen der Regierung und dem neu zu wählenden Zentralrat geklärt werden. Doch am 17. Dezember verschafften sich Vertreter von Berliner Truppenteilen Zugang zum Plenum des Rätekongresses und forderten ultimativ, einen obersten Soldatenrat als Träger der Kommandogewalt über alle Heeresverbände zu bilden, die Rangabzeichen aller Dienstgrade zu verbieten und sämtliche Offiziere zu entwaffnen. Nach tumultartigen Szenen, die fast zu einer Sprengung des Kongresses geführt hätten, wurde auf Antrag Haases beschlossen, die Debatte über die Militärreform auf die Tagesordnung des kommenden Morgens zu setzen. In der Zwischenzeit bemühte sich eine Kommission, der neben den Volksbeauftragten Ebert und Haase Vertreter des Vollzugsrats, der beiden sozialdemokratischen Fraktionen des Kongresses sowie Delegierte der Fronttruppen und des Heimatheeres angehörten, um eine Verständigung. Man einigte sich schließlich darauf, die «Sieben Punkte», die vom Hamburger Soldatenrat am 9. Dezember nach einem örtlichen Putschversuch verabschiedet worden waren, zur programmatischen Grundlage zu machen. Kernpunkt war die Übernahme der obersten Kommandogewalt durch den Rat der Volksbeauftragten, allerdings unter Kontrolle des Vollzugsrats. Darüber hinaus sollten – «als Symbol der Zertrümmerung des Militarismus und der Abschaffung des Kadavergehorsams» – alle Rangabzeichen abgeschafft und das außerdienstliche Waffentragen verboten werden. Besondere Sprengkraft besaß der Punkt 5, in dem es hieß, dass die Soldaten künftig ihre Führer selbst zu wählen hätten. «Frühere Offiziere, die das Vertrauen der Mehrheit ihres Truppenteils genießen, dürfen wiedergewählt werden.» Schließlich wurde gefordert, das stehende Heer abzuschaffen und die Einrichtung einer Volkswehr zu beschleunigen. Die «Hamburger Punkte» wurden vom Rätekongress nahezu einstimmig angenommen – ein Zeichen dafür, wie groß unter den Delegierten das Misstrauen gegen das alte Offizierskorps und zugleich die Erbitterung über die Untätigkeit der Volksbeauftragten auf diesem Gebiet war.

Die Oberste Heeresleitung reagierte prompt. Über ihren Vertreter in Berlin meldete sie ihren Protest an und malte die Zukunft Deutschlands für den Fall der Verwirklichung der «Hamburger Punkte» in den düstersten Farben. In einem Telegramm an die Armeekommandos vom 19. Dezember erklärte Hindenburg, dass er den Beschluss des Rätekongresses nicht anerkennen könne. Nach wie vor stehe die Heeresleitung «loyal zu der Regierung Ebert», erwarte aber von dieser, dass sie ihre Zusagen über den Bestand des Heeres einhalte und den Offizieren ermögliche, weiterhin ihren Dienst zu tun. Das war eine offene Kampfansage, und die MSPD-Volksbeauftragten ließen es geschehen. Auf einer gemeinsamen Sitzung von Kabinett und neugewähltem Zentralrat am 20. Dezember warnte Groener vor den «schweren Gefahren», die von dem Beschluss des Rätekongresses drohten: Das Band zwischen Mannschaften und Offizieren werde zerrissen, die «vollkommene Auflösung des Heeres» und damit der «völlige Zusammenbruch» seien die Folge. Ebert, der in den Beratungen der Kommission den Anschein erweckt hatte, als billige er die «Hamburger Punkte», schloss sich nun den Bedenken der Militärs an. Die ganze Angelegenheit sei «etwas überstürzt und etwas übereilt» behandelt worden. Von einer «ruhigen Prüfung der Einzelheiten» könne keine Rede sein. Deshalb schlug er vor, dass der Beschluss des Rätekongresses nur für das Heimatheer und nicht für das Feldheer gelten sollte und dass, bevor er umgesetzt werde, «Ausführungsbestimmungen» erlassen werden müssten. Vergeblich wies Wilhelm Dittmann darauf hin, dass damit der wichtigste Beschluss des Kongresses «für null und nichtig» erklärt werde. Wieder einmal setzte sich Ebert mit seinem Vorschlag durch. Das bedeutete, dass die Revolutionsregierung, statt die Kraftprobe mit dem alten Offizierskorps zu riskieren, vor den Drohungen Hindenburgs und Groeners zurückgewichen war. Nach wie vor vertraute Ebert auf die Zusicherung der beiden führenden Männer der OHL: «Wir denken nicht daran, Konterrevolution zu machen», obwohl doch manche Zeichen darauf hindeuteten, dass sie eben darauf sehr zielstrebig hinarbeiteten.

Erst am 19. Januar 1919, dem Tag der Wahlen zur Nationalversammlung, erließ der preußische Kriegsminister Walther Reinhardt, der Ende Dezember die Nachfolge Heinrich Scheuchs angetreten hatte, die «Ausführungsbestimmungen» zu den «Hamburger Punkten». Sie nahmen zwar einige progressive Elemente auf, doch im Kernbereich der Offizierswahl und der Kommandogewalt folgten sie den Kongressbeschlüssen nicht. Zudem galt die Januarverordnung nur für das Heimatheer, also jene Formation, die sich ohnehin in der Demobilisierung befand. Die der OHL unterstehenden Fronttruppen unterlagen ihr ebenso wenig wie die im Dezember 1918 und Januar 1919 neugebildeten Freikorps. So lief das Ganze letztlich auf eine Rückkehr zu den vorrevolutionären Zuständen hinaus. Im Gesetz über die Bildung einer vorläufigen Reichswehr vom 6. März 1919, das die Verordnung vom 19. Januar ablöste, war von dem revolutionär-demokratischen Impetus, der die militärpolitischen Entschließungen des Rätekongresses beflügelt hatte, nichts mehr zu spüren.

Wie die MSPD-Delegierten auf dem Kongress der Parteiführung in der Frage der Sozialisierung und der Militärreform die Gefolgschaft versagten, so stellten umgekehrt die USPD-Delegierten ihren Parteivorstand vor vollendete Tatsachen. Am 19. Dezember 1918 brachten sie den Antrag ein: «Der Zentralrat hat das volle Recht der Zustimmung oder Ablehnung von Gesetzen vor ihrer Verkündigung.» Damit gingen sie über das Votum Haases hinaus, der nur von einer gemeinsamen Beratung wichtiger Gesetzesvorlagen gesprochen hatte. Ebert protestierte heftig gegen eine so weitgehende Einschränkung der Handlungsfreiheit der Regierung und drohte unverhohlen mit seinem Rücktritt. Der USPD-Antrag wurde abgelehnt. Darauf setzten die Sprecher des linken Flügels der USPD in der anschließenden Fraktionssitzung den Beschluss durch, die Wahlen zum Zentralrat zu boykottieren. Das 27-köpfige Gremium wurde folglich ausschließlich von Sozialdemokraten besetzt. Freiwillig hatte die USPD damit einen wichtigen Teil der errungenen Macht preisgegeben und die Position ihrer eigenen Vertreter im Rat der Volksbeauftragten geschwächt. «Die Freiheit» kommentierte: «Indem man auf die Wahlbeteiligung verzichtete, begab man sich eines wichtigen Mittels, auf die zukünftige Politik einzuwirken, und brachte überdies die der Unabhängigen Partei zugehörigen Volksbeauftragten in eine schwierige Lage.» Ein Bruch der am 10. November geschlossenen Regierungskoalition zeichnete sich ab.

6. Die Weihnachtskrise und das Ausscheiden der USPD aus der Regierung

In den Tagen um den 24. Dezember 1918 spitzte sich die Lage in Berlin dramatisch zu. «Blutige Weihnachten», notierte Oberst van den Bergh in sein Tagebuch. Hintergrund war ein schon seit Längerem schwelender Konflikt zwischen der Regierung der Volksbeauftragten und der sogenannten Volksmarinedivision, einer zu den linken Revolutionären tendierenden Truppe von 1700 Matrosen, die sich seit Mitte November in Schloss und Marstall einquartiert hatte. Angeblich hatte sie dort ziemlich wüst gehaust. Jedenfalls warf ihr ein Bericht des preußischen Finanzministeriums vom 12. Dezember umfangreiche Plünderungen vor. Daraufhin verlangte der amtierende Stadtkommandant von Berlin, der MSPD-Politiker Otto Wels, von dem Führer der Marinedivision Heinrich Dorrenbach, das Schloss zu räumen und die Truppe auf 600 Mann zu reduzieren. Als Druckmittel behielt er die Lohnauszahlungen zurück. Am 21. Dezember wies der Rat der Volksbeauftragten die Stadtkommandantur an, der Volksmarinedivision den fälligen Betrag von 80 000 Mark auszuzahlen, allerdings erst nach Räumung des Schlosses und Aushändigung der Schlüssel an Wels. Die Sache zog sich hin, und die Matrosen verloren allmählich die Geduld. Am Nachmittag des 23. Dezember besetzte eine bewaffnete Abordnung die Reichskanzlei, sperrte alle Ausgänge und kappte die Telefonleitungen. Faktisch waren die anwesenden MSPD-Volksbeauftragten damit unter Hausarrest gestellt.

Eine größere Gruppe von Matrosen zog unter Führung ihres Kommandanten Heinrich Dorrenbach zur Stadtkommandantur. Es kam zu einer Schießerei, bei der zwei Matrosen getötet wurden. Daraufhin stürmten Matrosen das Gebäude, verhafteten Wels und zwei seiner Mitarbeiter und führten sie als Gefangene in den Marstall ab. Diese Vorgänge zeigten auf drastische Weise ein Dilemma der Regierung: Sie verfügte über keine loyale Truppe, die sie vor eigenmächtigen Aktionen wie jene der Volksmarinedivision hätte schützen können – eine Folge der eigenen Versäumnisse auf militärpolitischem Gebiet. Doch es scheint, dass den MSPD-Volksbeauftragten die Demonstration ihrer Schutzlosigkeit in diesem Fall gar nicht einmal so unwillkommen war. Denn so wurde ihnen die Gelegenheit geboten zu einer Kraftprobe mit dem ungeliebten Koalitionspartner von der USPD, die zu dessen Ausscheiden aus der Regierung führen sollte.

In der Nacht zum 24. Dezember erreichte Ebert, Scheidemann und Landsberg die Nachricht, dass Wels von den Matrosen misshandelt werde und sein Leben bedroht sei. Unter dem Eindruck dieser Mitteilung gaben sie dem preußischen Kriegsminister Scheuch den Befehl zum Einschreiten. Wie weit dieser Befehl ging, ist nicht ganz klar. Während Ebert und die MSPD-Kollegen in der gemeinsamen Sitzung des Kabinetts und des Zentralrats am 28. Dezember erklärten, sie hätten den Kriegsminister lediglich gebeten, «das Erforderliche zu veranlassen, um Wels zu befreien», bestand Scheuch in einem Schreiben an Ebert vom 29. Dezember darauf, dass es sich «nicht allein um die Befreiung des Herrn Wels gehandelt» habe, «sondern auch um die Entfernung der Matrosen aus Schloß und Marstall». Wie auch immer: Da die Details des Vorgehens nicht festgelegt wurden, war, wie die USPD-Volksbeauftragten kritisierten, «der Militärkamarilla eine Blankovollmacht» in die Hand gegeben, um das zu tun, «was sie für notwendig erachtete». Für die Heeresleitung war damit der Zeitpunkt gekommen, auf den sie lange gewartet hatte. Jetzt konnte sie ihre Rolle als innenpolitische Ordnungsmacht ausspielen und gegen die verhasste revolutionäre Bewegung vorgehen. «Endlich also hatte sich die Regierung unter dem Druck außergewöhnlicher Verhältnisse zu einem energischen Entschluß aufgerafft, um ihre Autorität zu wahren», stellte Gustav Böhm, Hauptmann im preußischen Kriegsministerium, befriedigt fest.

Mit der Aktion wurde die Truppe des Generalkommandos Lequis beauftragt. Noch in der Nacht ging der Befehl heraus, mit 1200 Mann Infanterie, Maschinengewehren und Feldbatterien Schloss und Marstall «gewaltsam zu nehmen». In den Morgenstunden des 24. Dezember begann der Beschuss – über 60 Granaten wurden auf die Gebäude abgefeuert. Es gelang den Angreifern zwar, das Schloss zu erobern; doch dann erhielten die Matrosen Unterstützung durch die Sicherheitswehr des Polizeipräsidenten Emil Eichhorn (USPD) und bewaffnete Arbeiter. Sie eroberten das Schloss zurück. In den Mittagsstunden musste Ebert den Befehl zur Einstellung der Kämpfe geben – eine eklatante Niederlage nicht nur des Kommandos Lequis, sondern auch der Regierung, die nun tun musste, was sie längst hätte tun sollen, nämlich durch Verhandlungen mit der Volksmarinedivision den Konflikt beizulegen. Insgesamt 11 Matrosen und 56 Gardesoldaten waren bei den Kämpfen ums Leben gekommen. In den Augen der radikalen Teile der Berliner Arbeiterschaft fiel den MSPD-Volksbeauftragten die Verantwortung für das Blutbad zu. Bei der Beerdigung der gefallenen Matrosen trugen Demonstranten Schilder mit der Aufschrift: «Des Matrosenmordes klagen wir an Ebert, Landsberg und Scheidemann.»

Die unmittelbare Folge der Berliner Weihnachtskrise war der Bruch der Regierungskoalition. Was die USPD-Volksbeauftragten besonders erbitterte, war, dass ihre MSPD-Kollegen den Beschluss, das Militär gegen die Matrosen einzusetzen, nicht gemeinsam mit ihnen beraten, ja sie nicht einmal nachträglich davon in Kenntnis gesetzt hatten. Offensichtlich waren Ebert, Scheidemann und Landsberg nun entschlossen, die Machtfrage zu ihren Gunsten zu entscheiden und sich den Koalitionspartner vom Halse zu schaffen. Für die USPD wiederum hatte sich die

MSPD-Führung mit der missglückten Aktion vom 23./24. Dezember endgültig in die Abhängigkeit von der Heeresleitung begeben. Die Vorgänge zeigten – so Wilhelm Dittmann –, «wie gefährlich es ist, mit einer Militärmacht arbeiten zu wollen, die aufgebaut ist auf die alte Generalität und das alte Heer, das aufgebaut ist auf dem Grundsatz des Kadavergehorsams».

Am 28. Dezember legten die USPD-Volksbeauftragten dem Zentralrat einen Katalog von Fragen vor, deren wichtigste lautete: «Billigt der Zentralrat es, daß die Kabinettsmitglieder Ebert, Scheidemann und Landsberg in der Nacht vom 23. zum 24. Dezember dem Kriegsminister den in keiner Weise begrenzten Auftrag erteilten, mit militärischer Gewalt gegen die Volksmarinedivision im Schloß und im Marstall vorzugehen?» Als der Zentralrat diese Frage bejahte, nahmen Haase, Dittmann und Barth dies zum Anlass, um am 29. Dezember ihren Austritt aus der Regierung zu erklären. Sie könnten, begründeten sie ihren Schritt, es nicht länger verantworten, «daß einem Vertreter des alten Gewaltsystems die Verfügung über das Leben der Mitmenschen anvertraut wird». Den Weg der Verhandlungen hätte man in keinem Stadium der Krise verlassen dürfen.

Mit dem Ausscheiden der USPD aus dem Kabinett hatte die am 10. November begonnene Zusammenarbeit der beiden sozialdemokratischen Parteien definitiv ein Ende gefunden. Die MSPD-Führung hatte nun freie Hand, um ihre politische Konzeption umzusetzen. «Die lähmende Zwiespältigkeit ist überwunden. Die Reichsregierung ist neu und einheitlich gebildet», verkündete ein Aufruf vom selben Tage. An die Stelle der USPD-Vertreter rückten der Gewerkschaftssekretär Rudolf Wissell, zuständig für Sozial- und Wirtschaftspolitik, und der Militärexperte und vormalige Kieler Gouverneur, Gustav Noske, der den Bereich «Heer und Marine» übernahm. Er versprach fortzusetzen, was Ebert und Scheidemann begonnen hatten: die Wiederherstellung der Ordnung mit allen Mitteln, einschließlich des Einsatzes von Militär. Der Bürgerkrieg war damit «schon ein Stück weit vorprogrammiert» (Wolfram Wette).

7. Von der Gründung der KPD zur Niederschlagung des Januaraufstands

«Die Luft ist elektrisch geladen, eine politische Hochspannung ohnegleichen. Der Boden von Berlin glüht. So ist das alte Jahr zu Ende gegangen: in fiebernder Erregung», schilderte das «Berliner Tageblatt» die Lage in der Hauptstadt an der Jahreswende 1918/19. In dieser aufgeladenen Atmosphäre begann am Morgen des 30. Dezember 1918 im Festsaal des preußischen Abgeordnetenhauses der Gründungsparteitag der Kommunistischen Partei Deutschlands (KPD). 127 Delegierte aus 56 Orten waren zusammengekommen – davon mehr als zwei Drittel Mitglieder des Spartakusbundes und nur knapp ein Drittel Mitglieder der Linksradikalen, die sich seit Ende November 1918 Internationale Kommunisten Deutschlands (IKD) nannten.

Rosa Luxemburg und ihr langjähriger Gefährte Leo Jogiches hatten sich noch Mitte Dezember 1918 vehement gegen die Gründung einer eigenen linken Partei gesträubt. Sie hielten sie für verfrüht und wollten weiterhin das «schützende Dach» der USPD nutzen, um die revolutionäre Propaganda in die Massen hineinzutragen. Doch nachdem die USPD-Führung sich nach der eklatanten Niederlage auf dem Rätekongress geweigert hatte, einen Parteitag einzuberufen, auf dem die Differenzen über die einzuschlagende Strategie offen ausgetragen werden konnten, war nun auch Rosa Luxemburg bereit, die Trennung von den Unabhängigen zu vollziehen. Am 22. Dezember beschloss die Spartakus-Zentrale, zum 30. Dezember eine Reichskonferenz nach Berlin einzuberufen. Zwei Tage später erklärten die Internationalen Kommunisten die aus der Kriegszeit resultierenden Gegensätze zum Spartakusbund für überholt und forderten «kategorisch» die Vereinigung beider Organisationen. Einer Parteigründung stand damit nichts mehr im Wege.

Die Zusammensetzung der Delegierten war alles andere als homogen. Neben älteren Funktionären, die noch aus der Tradition der Vorkriegssozialdemokratie kamen, saßen junge Arbeiter und Intellektuelle, die erst durch das Erlebnis des Krieges und der Revolution radikalisiert worden waren. Ihnen fehlte es nicht an revolutionärem Schwung, wohl aber an politischer Erfahrung, was sie zu einer Überschätzung ihrer eigenen Kräfte und Möglichkeiten verleitete. Die theoretisch geschulten Kader hatten es schwer, sich gegen den vorherrschenden «Geist eines fanatischen Utopismus» (Arthur Rosenberg) durchzusetzen. Das zeigte sich besonders in der heiß umstrittenen Frage, ob sich die neue kommunistische Partei an den Wahlen zur Nationalversammlung am 19. Januar beteiligen solle oder nicht. Als Paul Levi, der Anwalt und zeitweilige Geliebte Rosa Luxemburgs vor 1914, im Namen der Zentrale des Spartakusbundes für eine Wahlbeteiligung warb, erntete er stürmische Zwischenrufe: «Niemals! Nein!» Zustimmend aufgenommen wurde dagegen das Korreferat Otto Rühles, des Sprechers der Dresdner Internationalen Kommunisten, der sich scharf gegen jede Form der Beteiligung an Parlamentswahlen aussprach: «Wir müssen die lebende Politik der Straße immer weiter aufstacheln, wir dürfen die Bewegung nicht wieder einlullen, indem wir dem Arbeiter einen Stimmzettel in die Hand geben.»

Vergeblich warnte Rosa Luxemburg: «Ich habe die Überzeugung, Ihr wollt Euch Euren Radikalismus ein bißchen bequem und rasch machen.» Am Ende wurde mit 62 gegen 23 Stimmen beschlossen, die Empfehlung der Spartakus-Führer zurückzuweisen und die Wahl zur Nationalversammlung zu boykottieren. «Unsere ‹Niederlage›», beruhigte Rosa Luxemburg einige Tage später die bestürzte Clara Zetkin, «war nur der Triumph eines etwas kindischen, unausgegorenen, gradlinigen Radikalismus ... Vergiß nicht, daß die ‹Spartakisten› zu einem großen Teil eine frische Generation sind, frei von den verblödenden Traditionen der ‹alten bewährten› Partei – und das heißt, mit Licht- und Schattenseiten genommen werden muß.» Jedenfalls hätten die Mitglieder der Zentrale entschieden, «den Casus nicht zur Kabinettsfrage zu machen und nicht tragisch zu nehmen».

Doch so einfach konnten sich Rosa Luxemburg und Karl Liebknecht nicht aus der Affäre ziehen. Denn indem sie sich dem Mehrheitsbeschluss fügten, machten sie sich «zu Gefangenen einer Strömung, die sie aus guten Gründen für einen Ausdruck unpolitischen Abenteurertums hielten» (Heinrich August

Winkler). Daran änderte auch die Tatsache nichts, dass sich Rosa Luxemburg in ihrer Grundsatzrede zum Parteiprogramm bemühte, die zur Aktion drängenden jüngeren Genossen auf eine längerfristige Perspektive einzustellen. Leider sei man noch nicht so weit, «um durch den Sturz der Regierung den Sieg des Sozialismus zu sichern». Die Massen müssten erst noch darin geschult werden, «daß der Arbeiter- und Soldatenrat der Hebel der Staatsmaschinerie nach allen Richtungen hin sein soll». Dieser Prozess werde jedoch «etwas langwieriger» ausfallen, als man es sich gegenwärtig vorstelle. «Ich glaube, es ist gesund für uns, wenn wir uns mit voller Klarheit alle Schwierigkeiten und Komplikationen dieser Revolution vor Augen führen.»

Den stärksten Beifall erhielt Rosa Luxemburg nicht für solche eher ernüchternden Passagen, sondern für ihre überaus polemischen Angriffe auf die Führer der Gewerkschaften und der Mehrheitssozialdemokratie. Sie bezeichnete sie als «die infamsten und größten Halunken», die ins Zuchthaus gehörten. Der Hass auf die Parteigenossen von einst hatte auch eine so kluge Frau wie Rosa Luxemburg blind gemacht. Mit ihren verbalen Entgleisungen leistete sie ungewollt gerade jenen Kräften Vorschub, die ohnehin begierig darauf waren, mit aller Härte gegen die radikale Linke vorzugehen. Ahnungsvoll hatte Liebknecht auf dem Gründungsparteitag der KPD davon gesprochen, dass sich die Ereignisse überstürzen könnten. «Die nächsten Tage können Überraschungen bringen. Es geht oftmals über die Köpfe der sogenannten Führer hinweg, die Entwicklung und Erkenntnis der Massen.» Genau das geschah mit den Berliner Januarunruhen von 1919, die fälschlicherweise als «Spartakusaufstand» in die Geschichtsbücher eingegangen sind.

Auslöser war die Absetzung des Berliner Polizeipräsidenten Emil Eichhorn durch den preußischen Innenminister Paul Hirsch (MSPD) am 4. Januar 1919. Eichhorn gehörte zum linken Flügel der USPD, und er hatte sich in den Augen der MSPD-Volksbeauftragten dadurch disqualifiziert, dass bei den Weihnachtskämpfen wenige Tage zuvor die von ihm kommandierte Sicherheitswehr zugunsten der Volksmarinedivision eingegriffen hatte. Die radikalen Teile der Berliner Arbeiterschaft hingegen sahen in der Entlassung Eichhorns eine Provokation. Gemeinsam riefen der Zentralvorstand der USPD von Groß-Berlin, die Revolutionären Obleute und die Zentrale der KPD zu einer Protestkundgebung gegen die Regierung Ebert-Scheidemann am 5. Januar auf. Sie wies eine von den Veranstaltern nicht erwartete Massenbeteiligung auf. Doch noch während der Demonstration gerieten die Ereignisse außer Kontrolle. Eine Gruppe von Demonstranten besetzte die Druckerei des «Vorwärts» und andere Verlagshäuser im Berliner Zeitungsviertel. Dieser spontanen Aktion folgte am Abend des 5. Januar die improvisierte Bildung eines «Revolutionsausschusses», in dem für die USPD-Linke Georg Ledebour, für die KPD Karl Liebknecht und für die Revolutionären Obleute Paul Scholze gemeinsam den Vorsitz übernahmen. Unter dem Eindruck der Massenstimmung sprach sich eine Mehrheit des Ausschusses dafür aus, am folgenden Tag die Berliner Arbeiter zum Generalstreik aufzurufen und den Kampf bis zum Sturz der Regierung weiterzutreiben. Wie dieser Beschluss in die Tat umzusetzen sei, darüber gab es jedoch keine klare Vorstellung. Keiner der Beteiligten wollte sich indes von den anderen an Radikalität übertreffen lassen, und so ließ man sich auf ein gefährliches Abenteuer ein, dessen Ausgang kaum zweifelhaft sein konnte. Rosa Luxemburg missbilligte zwar zunächst die Aktion, doch als die Massen in Bewegung gekommen waren, die Situation scheinbar auf eine Entscheidung hinauslief, glaubte auch sie, sich nicht verweigern zu dürfen, und drängte auf entschlossenes Handeln.

Am 6. Januar waren noch mehr Menschen auf den Straßen als am Tage zuvor. Doch diesmal hatte auch die Regierung ihre Anhänger zum «Protest gegen die Gewalttaten der Spartakusbande» aufgerufen. So kam es, dass Berlin an diesem Tage zwei Massendemonstrationen erlebte – die eine zog nach der Siegesallee, die andere nach der Wilhelmstraße, wie Harry Graf Kessler beobachtete. «Beide bestehen aus den gleichen genau gleich gekleideten Kleinbürgern und Fabrikmädchen, schwingen dieselben roten Fahnen, marschieren den gleichen Familien Marschtritt. Nur tragen sie verschiedene Inschriften, höhnen einander im Vorbeiziehn und werden heute noch vielleicht aufeinander schießen.» Tatsächlich kam es zu vereinzelten Schießereien zwischen Regierungsanhängern und aufständischen Arbeitern. Doch die befürchtete große Konfrontation blieb aus. Die Mitglieder des «Revolutionsausschusses» beschränkten sich darauf, Reden vor den Demonstranten zu halten und im internen Kreis zu beratschlagen. Die Massen warteten, aber es kamen keine Weisungen. Und am Nachmittag begann man auseinanderzulaufen. Wenn es überhaupt eine Chance für die revolutionäre Linke zum Sturz der Regierung Ebert-Scheidemann gegeben hatte, so wurde sie jedenfalls an diesem Tage endgültig vertan. Dabei spielte nicht zuletzt der Umstand eine Rolle, dass die erhoffte Unterstützung durch die Berliner Truppen ausgeblieben war. Selbst die Volksmarinedivision hatte sich für «neutral» erklärt. Als der «Revolutionsausschuss» am Abend zusammenkam, war die euphorische Stimmung vom Vortage verflogen. Jetzt kam es nur noch darauf an, sich einigermaßen leidlich aus der Affäre zu ziehen. Deshalb war man geradezu erleichtert, als der USPD-Vorstand seine Vermittlung anbot.

Doch die Regierung war entschlossen, die Herausforderung anzunehmen und mit aller Härte zurückzuschlagen. «Meinetwegen! Einer muß der Bluthund werden, ich aber scheue die Verantwortung nicht!», mit diesen Worten bekräftigte Gustav Noske die Position der MSPD-Volksbeauftragten. Der frischernannte «Oberbefehlshaber der Regierungstruppen in und um Berlin» schlug sein Hauptquartier im Luisenstift in Berlin-Dahlem auf und sammelte hier Formationen von Freiwilligen, die sogenannten Freikorps, mit deren Aufstellung die Regierung in Zusammenarbeit mit den Offizieren des kaiserlichen Heeres bereits am 3. Januar, also noch vor Beginn des Aufstands, begonnen hatte. «Wir sind dabei, die Kräfte zu schaffen, die zur Herstellung der Ordnung ausreichen», gab Ebert in einer gemeinsamen Sitzung von Kabinett und Zentralrat am Vormittag des 7. Januar bekannt. Am gleichen Tag wurde auf Initiative des USPD-Vorstands ein Vermittlungsausschuss gebildet, in dem Vertreter der Aufständischen mit der Regierung berieten, wie ein Blutvergießen in letzter Minute verhindert werden könne. Die MSPD-Volksbeauftragten stellten sich auf den Standpunkt, dass Verhandlungen zwecklos seien, wenn nicht zuvor die Pressefreiheit in vollem Umfang wiederhergestellt, das heißt die Räumung der besetzten Gebäude des Zeitungsviertels erfolgt sei. An dieser Vorbedingung scheiterte die Vermittlung, und man hat nicht den Eindruck, dass sie von der Regierung ernsthaft gewollt war. In einem Aufruf an die Bevölkerung Berlins vom 8. Januar verkündete sie ihren unbedingten Willen, den Konflikt mit militärischen Mitteln zu lösen: «Gewalt kann nur mit Gewalt bekämpft werden ... Die Stunde der Abrechnung naht!»

Am 11. Januar begannen die Regierungstruppen mit dem Sturm auf das «Vorwärts»-Gebäude. Nach mehrstündigem heftigen Beschuss signalisierten die Besatzer ihre Bereitschaft zur Beendigung der Kampfhandlungen. Fünf Parlamentäre, die über die Bedingungen des Abzugs verhandeln wollten, wurden abgeführt und zusammen mit zwei abgefangenen Kurieren in der Dragonerkaserne in der Belle-Alliance-Straße erschossen – die erste in einer Serie von Mordtaten, die ungesühnt blieben. Noch am selben Tage marschierte Oberbefehlshaber Noske an der Spitze seiner Soldaten durch die Berliner Innenstadt zum Regierungsviertel, wo sie sich im großen Saal des Reichskanzlerpalais einquartierten. Am 12. Januar wurden auch alle anderen besetzten Gebäude zurückerobert; der dilettantisch begonnene und halbherzig durchgeführte Aufstand war niedergeschlagen. «Der einzige Erfolg der Erhebung ist, dass die sozialistische Regierung gezwungen ist, sich nach rechts anzulehnen», bilanzierte Harry Graf Kessler. «Heute Vormittag sieht der Potsdamer Platz aus wie an einem Friedens-Sonntag. Von Revolution keine Spur. Berlin erwacht aus einem hitzigen Fieber zur Wirklichkeit, die traurig ist.» Für die Militärs aber waren der 11. und 12. Januar Freudentage. «Die militärische Macht der Spartakisten ist gestern und heute in erfreulicher Weise gebrochen worden», frohlockte Oberst van den Bergh. «Ich denke, die Krisis ist überwunden, und es geht wieder bergauf.»

8. Die Ermordung von Rosa Luxemburg und Karl Liebknecht

Schon in einem frühen Stadium der Revolution waren Rosa Luxemburg und Karl Liebknecht, die herausragenden Führungsfiguren des Spartakusbundes, zur Zielscheibe hasserfüllter Angriffe geworden. Man verdächtigte sie, «russische Verhältnisse» in Deutschland herbeiführen zu wollen, und sah in ihnen die eigentlichen Drahtzieher der bürgerkriegsähnlichen Kämpfe, die seit Weihnachten 1918 die Reichshauptstadt erschütterten. Seit diesen Tagen waren die beiden ihres Lebens nicht mehr sicher. In einem Brief an Clara Zetkin vom 25. Dezember berichtete Rosa Luxemburg von einer «dringenden Warnung ..., daß Karl und mir von Mordbuben aufgelauert wird, so daß wir nicht zu Hause schlafen sollen». Nach der Niederschlagung des Januaraufstands steigerte sich die Mordhetze zur Pogromstimmung. Auch der sozialdemokratische «Vorwärts» beteiligte sich daran. Am 13. Januar erschien hier ein Gedicht, dessen letzte Strophe lautete: «Vielhundert Tote in einer Reih' – Proletarier! / Karl, Rosa, Radek und Kumpanei – / es ist keiner dabei, es ist keiner dabei! Proletarier!»

Liebknecht und Luxemburg konnten nun nicht mehr wagen, öffentlich aufzutreten. Ständig mussten sie die Quartiere wechseln, um ihren Häschern zu entgehen. Am 13. Januar fanden sie bei Freunden, der Familie Marcusson, in der Mannheimer Straße 43 im bürgerlichen Bezirk Wilmersdorf Unterschlupf. Dort schrieben sie ihre letzten Beiträge für die «Rote Fahne». «Die Ordnung herrscht in Berlin» war Rosa Luxemburgs Artikel überschrieben, in dem sie mit geradezu visionärer Kraft noch einmal die Notwendigkeit der sozialistischen Revolution beschwor: «Ihr stumpfen Schergen! Eure Ordnung ist auf Sand gebaut. Die Revolution wird sich morgen schon, rasselnd wieder in die Höh' richten und zu eurem Schrecken mit Posaunenklang verkünden: Ich war, ich bin, ich werde sein!» Ähnlich klang, was Karl Liebknecht gewissermaßen als sein Vermächtnis formulierte: «Himmelhoch schlagen die Wogen der Ereignisse – wir sind es gewohnt, vom Gipfel in die Tiefe geschleudert zu werden. Aber unser Schiff zieht seinen geraden Kurs fest und stolz dahin bis zum Ziel. Und ob wir dann noch leben werden, wenn es erreicht wird – leben wird unser Programm; es wird die Welt der erlösten Menschheit beherrschen. Trotz alledem!»

Am Abend des 15. Januar entdeckten Mitglieder der Wilmersdorfer Bürgerwehr das Versteck. Rosa Luxemburg und Karl Liebknecht wurden verhaftet und zum Eden-Hotel in der Nähe der Gedächtniskirche gebracht, wo Hauptmann Waldemar Pabst mit seiner Garde-Kavallerie-Schützen-Division Quartier bezogen hatte. Was danach geschah, ist erst kürzlich dank der Forschungen Klaus Gietingers weitgehend aufgeklärt worden. So ist sicher, dass Pabst und eine Gruppe von Offizieren um ihn herum entschlossen waren, die Spartakusführer umzubringen. Offenbar hat Pabst nach der Einlieferung der beiden mit Noske telefoniert. Dieser habe ihn aufgefordert, die Genehmigung des Generals von Lüttwitz zur Erschießung der Gefangenen einzuholen, und als er, Pabst, dagegen einwandte, «die werde er nie bekommen», habe Noske nur geantwortet, «dann müsse er selbst verantworten, was zu tun sei». Gleich ob diese erst 1993 vom ehemaligen Marinerichter Otto Kranzbühler kolportierte Version (die Pabst selbst ihm im Jahr 1968 erzählt haben soll) zutrifft oder nicht – es scheint festzustehen, dass Noske keinen ausdrücklichen Mordbefehl gegeben hat. Aber er tat, wie schon der Luxemburg-Biograf Peter Nettl bemerkt hat, «auch nichts, seine blutdürstigen Helfer zu zügeln». Pabst musste davon ausgehen, dass die Täter mit der Duldung, wenn nicht gar mit der stillschweigenden Billigung Noskes rechnen konnten.

Als Erster wurde Karl Liebknecht nach schweren Misshandlungen in den Tiergarten gefahren und hinterrücks erschossen. Danach wurde Rosa Luxemburg beim Abtransport aus dem Hotel niedergeschlagen, zu einem Auto geschleift und durch einen Schuss in den Kopf getötet. Ihre Leiche warfen die Mörder in den Landwehrkanal. «Die alte Sau schwimmt schon», meldete einer von ihnen. Die «BZ am Mittag» machte am nächsten Tag mit der Falschmeldung auf: «Liebknecht auf der Flucht erschossen! Rosa Luxemburg von der Menge getötet!» Die Nachricht vom Mord an den Spartakusführern löste bei einem Teil der Regierung Bestürzung aus. Ebert war, wie sein

Kabinettskollege Landsberg berichtete, «fast zu Boden geworfen» und spielte wohl für einen Augenblick mit dem Gedanken an Rücktritt. Zum Abscheu über die Tat kam die Sorge, dass die toten Liebknecht und Luxemburg als Märtyrer der Bewegung der Regierung gefährlicher werden könnten als zu den Zeiten, als sie noch lebten. Die Regierung versprach «strengste Untersuchung», doch davon konnte keine Rede sein. Die Verfahren gegen die Mörder fanden nicht vor einem Zivilgericht, sondern vor einem Kriegsgericht statt, dessen Leiter, Kriegsgerichtsrat Paul Jorns, aus seinen Sympathien mit den Angeklagten kaum einen Hehl machte. Was folgte, war «einer der schamlosesten Lügenprozesse der deutschen Rechtsgeschichte» (Klaus Gietinger). Er endete im Mai 1919 mit Freisprüchen für einige der Hauptbeteiligten, so für Kapitänleutnant Horst von Pflugk-Harttung, der am 16. Januar dem Marineoffizier Ernst von Weizsäcker unter dem Siegel «absoluter Geheimhaltung» anvertraute, wie er eine Autopanne im Tiergarten fingiert hatte, danach mit Liebknecht ausgestiegen war, um unter dem Vorwand, der Gefangene habe «die Gelegenheit zu einem Fluchtversuch» ergriffen, die tödlichen Schüsse auf ihn abzugeben. Der Jäger Otto Wilhelm Runge, der mit dem Gewehrkolben auf Liebknecht und Luxemburg eingeschlagen hatte, bekam zwei Jahre Gefängnis, der Oberleutnant Kurt Vogel, der am Mord an Rosa Luxemburg maßgeblich mitgewirkt hatte, zwei Jahre und vier Monate. Ihm gelang es, aus der Haft zu entkommen und nach Holland zu fliehen. Trotz vieler Proteste gegen die skandalöse Prozessführung bestätigte Noske, inzwischen Reichswehrminister, die Urteile. Hauptmann Pabst, die Schlüsselfigur des Mordunternehmens, blieb ungeschoren. Er durfte sich noch im Jahre 1962 in der Bundesrepublik in einem Interview mit dem «Spiegel» ungestraft rühmen, er habe die beiden Kommunistenführer «richten lassen».

Karl Liebknecht war am 25. Januar 1919 unter großer Anteilnahme der Berliner Arbeiterschaft auf dem Friedhof Berlin-Friedrichsfelde beigesetzt worden. «Ein wirkliches Proletarier Begräbnis für den Volks Tribunen», notierte Harry Graf Kessler. Rosa Luxemburgs bereits stark verwester Leichnam wurde erst am 31. Mai 1919 an einer Schleuse des Landwehrkanals angeschwemmt. Ihrer Sekretärin und Freundin Mathilde Jacob blieb die traurige Pflicht, die Tote zu identifizieren. Am 13. Juni wurde sie an der Seite Karl Liebknechts beerdigt.

Sebastian Haffner hat die Ermordung Luxemburgs und Liebknechts «das eigentliche geschichtsträchtige Ereignis des deutschen Revolutionsdramas» genannt – zu Recht. Denn damit erweiterte sich die Kluft, die sich im Ersten Weltkrieg innerhalb der Arbeiterbewegung aufgetan hatte, zum Abgrund. Für die Anhänger des linken Flügels der USPD und der KPD stand fest, dass die Führung der Mehrheitssozialdemokratie, auch wenn ihr keine direkte Verwicklung in die Tat nachzuweisen war, doch die politische Verantwortung an dem grausigen Verbrechen trug, weil sie dem Treiben der Soldateska keinen Einhalt geboten hatte. Das blieb eine bedrückende Hypothek, und bis heute zählt die Rolle, die der Volksbeauftragte Gustav Noske in der deutschen Gegenrevolution des Jahres 1919 gespielt hat, zu dem dunkelsten Kapitel in der Geschichte der deutschen Sozialdemokratie.

9. Die Wahlen zur Nationalversammlung und die Bildung der Weimarer Koalition

«Das deutsche Bürgertum ... gleicht ... einem verschüchterten Hühnervolk, in das der Habicht hineingestoßen ist», schrieb die «Deutsche Zeitung» am 13. November 1918. Doch die Schockstarre, in die weite Kreise des Bürgertums durch die militärische Niederlage und den Zusammenbruch der Monarchie versetzt worden waren, währte nicht lange. Schon in den ersten Tagen der Revolution setzten die Bemühungen ein, das aus dem Kaiserreich überkommene bürgerliche Parteiwesen zu reorganisieren und als Gegengewicht gegen den befürchteten übermäßigen Einfluss der sozialistischen Arbeiterparteien aufzubauen. Am 16. November erschien im «Berliner Tageblatt» ein Aufruf zur Gründung einer Deutschen Demokratischen Partei. Entschieden stellten sich die Unterzeichner, unter ihnen Chefredakteur Theodor Wolff, «auf den Boden der republikanischen Staatsform» und versprachen, «sie bei den Wahlen vertreten und den Staat gegen jede Reaktion verteidigen» zu wollen. Die Deutsche Demokratische Partei (DDP), die am 20. November gegründet wurde, knüpfte an die Traditionen des Linksliberalismus im Kaiserreich an. Zu ihren Gründungsmitgliedern gehörten führende Vertreter der alten Fortschrittlichen Volkspartei, die seit 1917 im Interfraktionellen Ausschuss bereits mit der Mehrheitssozialdemokratie kooperiert hatten.

Zur Bildung einer einheitlichen liberalen Volkspartei kam es freilich nicht. Das Erbe der Nationalliberalen trat die Deutsche Volkspartei (DVP) an, die am 15. Dezember unter Führung Gustav Stresemanns aus der Taufe gehoben wurde. Stresemann, der ehemalige Vorsitzende der nationalliberalen Reichstagsfraktion, war im Weltkrieg ein glühender Annexionist gewesen und galt deshalb in den Augen Theodor Wolffs und seiner Mitstreiter als belastet. Beide liberalen Parteien sprachen vor allem die gebildeten und besitzenden Schichten des Bürgertums an. Während sich die DDP eindeutig zur parlamentarischen Demokratie bekannte, waren in der DVP Vorbehalte gegenüber dem neuen «System» verbreitet. Das galt noch mehr für die Deutschnationale Volkspartei (DNVP), die sich am 24. November durch den Zusammenschluss der beiden konservativen Parteien des Kaiserreichs sowie des rechten Flügels der Nationalliberalen und völkischer und antisemitischer Gruppierungen konstituierte. In ihrem Gründungsaufruf vermied die neue Sammelpartei der Rechten zwar ein offenes Bekenntnis zur Monarchie, doch war von Anfang an deutlich, dass die Gegner der Republik vor allem hier eine politische Heimat finden würden. Ihren stärksten Rückhalt besaß die DNVP in den protestantisch geprägten nationalkonservativen Milieus, vor allem im ostelbischen Preußen.

Als Partei der Mitte verstand sich hingegen das Zentrum, das auch nach 1918 nicht den Schritt zu einer überkonfessionellen christlichen Volkspartei vollzog, sondern der Orientierung auf die katholischen Bevölkerungsteile treu blieb. Abgesehen von der Abspaltung des bayerischen Landesverbands, der sich am 12. November zur Bayerischen Volkspartei (BVP) verselbstständigte, wies das Zentrum ein hohes Maß an Kontinuität auf, was sich auch in der Beibehaltung des Namens ausdrückte.

Gleich nachdem sie sich neugegründet beziehungsweise neu formiert hatten, begannen sich die bürgerlichen Parteien für die bevorstehenden Wahlen zur Nationalversammlung am 19. Januar 1919 zu rüsten. Dabei bediente sich vor allem die DDP, unterstützt von den großen liberalen Blättern, der «Vossischen Zeitung», dem «Berliner Tageblatt» und der «Frankfurter Zeitung», bereits moderner, aus den Vereinigten Staaten entlehnter Wahlkampfmethoden. Das Ergebnis übertraf sogar die Erwartungen: Die DDP erhielt 18,5 Prozent der Stimmen, das heißt über 6 Prozent mehr als die Fortschrittliche Volkspartei im Jahr 1912. Ihre liberale Konkurrenz, die DVP, hingegen brachte es nur auf 4,4 Prozent, das war mehr als 9 Prozent weniger, als die Nationalliberalen in der letzten Reichstagswahl vor dem Krieg erzielt hatten. Zentrum und BVP kamen zusammen auf 19,7 Prozent, gewannen gegenüber 1912 leicht hinzu. Überraschend schlecht schnitt die DNVP mit nur 10,3 Prozent ab; das war beträchtlich weniger, als die konservativen und antisemitischen Parteien vor 1914 hatten mobilisieren können.

Eindeutige Gewinnerin der Wahl war die MSPD, auf die 37,9 Prozent entfielen – gegenüber 1912, als sie stärkste Partei im Reichstag geworden war, eine nochmalige Steigerung von über 3 Prozent. Die USPD erhielt nur magere 7,6 Prozent. Das hieß, dass die beiden sozialdemokratischen Parteien zusammen die absolute Mehrheit verfehlt hatten – ein Resultat, das sich bereits in einigen Landtagswahlen zuvor abgezeichnet hatte. Offensichtlich war der Wahlkampf der bürgerlichen Parteien, der vor allem darauf angelegt gewesen war, die Furcht vor sozialistischen Experimenten zu schüren, nicht ohne Wirkung geblieben. Die Frauen, die erstmals ihre Stimme abgeben durften, dankten es der Regierung der Volksbeauftragten schlecht. Sie wählten proportional weniger MSPD oder USPD als die Männer. Mit 83 Prozent war die Wahlbeteiligung recht hoch; sie lag nur knapp unter der von 1912 (84,9 Prozent). Der Aufruf der KPD, die Wahl zu boykottieren, war also kaum befolgt worden. Insgesamt verlief die Wahl in den meisten Wahlbezirken, auch in Berlin, ohne größere Störungen. «Alles ruhig und grau in grau – weder Aufregung noch Begeisterung», beobachtete Harry

Graf Kessler. «Die Zettelverteiler der verschiedenen Parteien stehen um die Polonäse herum und schieben die Zettel den Leuten in die Hand. Köchinnen, Krankenschwestern, alte Damen, Familien mit Vater, Mutter und Dienstmädchen, selbst mit kleinen Kindern kommen gezogen und stellen sich an. Das ganze untheatralisch wie ein Naturereignis; wie ein Landregen.»

Am 6. Februar 1919 trat die Nationalversammlung im Theater von Weimar zusammen. Für die Stadt im Thüringischen als Tagungsort hatte sich vor allem Ebert stark gemacht, und zwar zum einen, weil ihm die politischen Verhältnisse in Berlin auch nach der Niederschlagung des Januaraufstands zu unsicher erschienen, zum anderen, weil, wie er in der Kabinettssitzung vom 14. Januar betonte, es «in der ganzen Welt (als) angenehm empfunden» werde, «wenn man den Geist von Weimar mit dem Aufbau des neuen Deutschen Reiches verbindet». Auch Scheidemann hatte dem beigepflichtet mit dem Argument, dass «die Stadt Goethes ... ein gutes Symbol für die junge deutsche Republik» darstellen würde.

In seiner Eröffnungsrede vom 6. Februar bekräftigte Ebert noch einmal die politische Linie, die er seit den ersten Revolutionstagen unbeirrt verfolgt hatte: «Nur auf der breiten Heerstraße der parlamentarischen Beratung und Beschlußfassung lassen sich die unaufschiebbaren Veränderungen auch auf wirtschaftlichem und sozialem Gebiete vorwärts bringen, ohne das Reich und sein Wirtschaftsleben zugrunde zu richten.» Zugleich warb er um Verständnis für die Schwierigkeiten, mit denen die sozialdemokratischen Volksbeauftragten zu kämpfen gehabt hatten. Sie seien «im eigentlichsten Wortsinne die Konkursverwalter des alten Regimes» und hätten «alles getan, um das wirtschaftliche Leben wieder in Gang zu bringen». «Wenn der Erfolg nicht unseren Wünschen entsprach, so müssen die Umstände, die das verhindert haben, gerecht gewürdigt werden.» Kein Wunder, dass selbst wohlmeinende Beobachter diesen von geschäftsmäßiger Nüchternheit durchdrungenen Ausführungen wenig abgewinnen konnten. «Klein, nicht ganz ohne einen gewissen Charme ..., aber spießbürgerlich und im Verlauf schwunglos. Ebert wirkt wie ein braver Handwerksmeister ...

Die ganze Sitzung ohne Stimmung und Größe», fasste Theodor Wolff seinen Eindruck zusammen.

Bereits am 1. Februar hatte die MSPD Gespräche mit der DDP über ein Regierungsbündnis aufgenommen. Zusammen verfügten die beiden Parteien mit 240 der insgesamt 423 Abgeordneten über eine solide Mehrheit, doch die Vertreter der DDP wollten das Zentrum mit einbeziehen, um nicht dem erdrückenden Übergewicht der Sozialdemokratie ausgesetzt zu sein. In der Tat sprach viel für eine Koalition der Parteien, die im Juli 1917 bereits die Reichstagsmehrheit gebildet und im Oktober 1918 im Kabinett des Prinzen Max von Baden zusammengearbeitet hatten. Theoretisch denkbar gewesen wäre auch eine von den Parteien der bürgerlichen Mitte tolerierte Minderheitsregierung der beiden sozialdemokratischen Parteien, doch schloss Ebert aufgrund seiner Erfahrungen mit der USPD in den zurückliegenden Monaten diese Lösung von vornherein aus. Nur pro forma richtete die MSPD-Fraktion am 5. Februar eine Anfrage an die USPD-Fraktion, ob sie bereit sei, «in die Reichsregierung einzutreten auf der Grundlage des Bekenntnisses zur parlamentarischen Demokratie», wohl wissend, dass sie sich eine entschiedene Absage einhandeln würde. Ein Eintritt in die Regierung, so lautete die Antwort, komme für die USPD so lange nicht in Frage, «bis die gegenwärtige Gewaltherrschaft beseitigt» und alle Kabinettsmitglieder willens seien, «die demokratischen und sozialistischen Errungenschaften der Revolution gegen die Bourgeoisie und gegen die Militärautokratie sicherzustellen».

Bevor die Koalition aus MSPD, DDP und Zentrum gebildet werden konnte, waren noch komplizierte Verhandlungen notwendig. Es ging um die Besetzung der Spitzenämter – Reichspräsident, Reichsministerpräsident (der frühere Reichskanzler) und Präsident der Nationalversammlung –, welche die Sozialdemokraten zunächst allesamt für sich beanspruchten, was bei ihren bürgerlichen Partnern beträchtlichen Unmut auslöste. Schließlich verzichtete der MSPD-Kandidat Eduard David zugunsten des Zentrums-Kandidaten Constantin Fehrenbach auf das Amt des Präsidenten der Nationalversammlung und machte damit den Weg frei für die Bildung der Weimarer Koalition. Am 11. Februar wurde Friedrich Ebert zum ersten Reichspräsidenten der Republik gewählt. Nichts hätte deutlicher den verfassungspolitischen Neubeginn demonstrieren können als die Tatsache, dass nun ein ehemaliger Sattlergeselle, der nur die Volksschule besucht hatte, das höchste Staatsamt bekleidete. Für die bislang führenden gesellschaftlichen Eliten des Kaiserreichs war aber gerade das ein Stein des Anstoßes.

Reichsministerpräsident wurde Philipp Scheidemann, außer ihm wurden auch Landsberg (Justiz), Noske (Militär) und Wissell (Wirtschaft) aus der Regierung der Volksbeauftragten übernommen. Hinzu kamen die Sozialdemokraten Gustav Bauer (Arbeit), Robert Schmidt (Erziehung) und Eduard David (ohne Ressort), weiter je drei Minister des Zentrums – Johannes Bell (Kolonien), Johann Giesberts (Post), Matthias Erzberger (ohne Ressort) – und der DDP – Hugo Preuß (Inneres), Georg Gothein (ohne Ressort), Eugen Schiffer (Finanzen). Das Außenministerium übernahm der parteilose Graf von Brockdorff-Rantzau. Das neue Staatsoberhaupt und die neue Regierung mussten zunächst im Rahmen eines verfassungsrechtlichen Provisoriums agieren, des Gesetzes über die vorläufige Reichsgewalt vom 10. Februar 1919, das bis zur Verkündung der Reichsverfassung im August 1919 in Kraft blieb. Dennoch schien die Entwicklung nun in ein ruhigeres Fahrwasser zu gleiten. «Ein gewaltiger Schritt vorwärts ist jedenfalls getan», kommentierte Oberst van den Bergh. «Es hat sich ein allgemein anerkannter Kristallisationspunkt zu neuer gestaltender Kraft und zu neuem Aufbau gebildet und damit kann das Aufwärts nun wirklich beginnen.» Tatsächlich aber markierte das Frühjahr 1919 den Beginn einer zweiten, noch radikaleren Phase der Revolution.

III. Die zweite Phase der Revolution (Februar 1919–August 1919)

1. Der Ruf nach Sozialisierung

Seit der Jahreswende 1918/19 trat die Forderung nach Sozialisierung immer beherrschender in den Vordergrund. Mit ihr verband sich die Hoffnung auf ein Ende des Systems innerbetrieblicher Willkür, dessen Auswirkungen die Arbeiter jahrzehntelang am eigenen Leibe erfahren hatten, darüber hinaus aber auch die Vorstellung einer grundlegenden Transformation der bestehenden kapitalistischen Wirtschaftsordnung, die die private Verfügungsmacht der Unternehmer über die Produktionsmittel einschränken, wenn nicht sogar ganz beseitigen sollte. Die Demokratisierung des politischen Systems sollte, gewissermaßen in einem zweiten Anlauf, durch die Demokratisierung der Betriebs- und Wirtschaftsverfassung ergänzt werden – das war der Grundgedanke. Denn ohne Eingriffe in die Wirtschaftsordnung, davon waren große Teile der Arbeiterschaft überzeugt, wäre auch die politische Demokratie nicht lebensfähig. «Wir marschieren mit Riesenschritten auf die zweite Revolution zu», erklärte Robert Dißmann, ein führender Vertreter der USPD, Mitte Februar 1919.

Dass der Ruf nach Sozialisierung auch unter sozialdemokratisch orientierten Arbeitern populär war, hatte bereits der Rätekongress im Dezember 1918 gezeigt, der sich mit großer Mehrheit für die Sozialisierung aller hierzu reifen Industrien, insbesondere des Bergbaus, ausgesprochen hatte. Doch die Regierung der Volksbeauftragten hatte immer wieder deutlich gemacht, dass es ihr damit nicht eilig war. Mit der Einsetzung einer Sozialisierungskommission Anfang Dezember 1918 verfolgte sie vor allem die Absicht, «beruhigend zu wirken in dem Sinne, daß keine unvernünftigen Experimente zu befürchten sind», wie der «Vorwärts» kommentierte. Die Kommission produzierte in der

Folgezeit fleißig Gutachten, die aber im Kabinett kaum zur Kenntnis genommen wurden. Und die Führung der Freien Gewerkschaften unterstützte die Volksbeauftragten in ihrer Hinhaltetaktik. «Die Sozialisierung einer durch die Kriegswirtschaft erschütterten und desorganisierten Volkswirtschaft ist nicht möglich», erklärte ihr Vorsitzender Carl Legien Mitte Dezember 1918.

Da praktische Schritte ausblieben, griffen die Arbeiter zur Selbsthilfe. Vor allem das Ruhrgebiet entwickelte sich zum Zentrum der Sozialisierungsbewegung. Ausgehend von Hamborn, einer Hochburg der radikalen Arbeiterschaft, ging seit Ende Dezember 1918 eine Welle spontaner Streiks durchs Revier. Die Arbeiter an der Ruhr wollten «endlich etwas Positives von der Sozialisierung sehen»; sie hätten erklärt, «für den Staat arbeiten zu wollen, aber für die Kapitalisten keine Schicht mehr einzufahren», berichtete der USPD-Politiker Heinrich Ströbel, der an der Spitze einer Regierungsdelegation am 28. Dezember nach Mülheim gereist war, um ein Ende des Ausstands herbeizuführen. Anfang Januar 1919 wurde auf fast allen Zechen gestreikt; das wirtschaftliche Leben drohte zum Stillstand zu kommen. Angesichts dieser trüben Aussicht ergriff der Essener Arbeiter- und Soldatenrat, in dem alle drei sozialistischen Parteien, MSPD, USPD und KPD, vertreten waren, die Initiative. Am 9. Januar beschloss er, die Sozialisierung des Bergbaus in Angriff zu nehmen. Zwei Tage später wurden die Büros des Kohlesyndikats und des Bergbaulichen Vereins in Essen besetzt, eine allgemeine Lohn- und Preiskontrolle verfügt und der zur MSPD gehörende Landrichter Ernst Ruben zum «Volkskommissar» für die Sozialisierung des Bergbaus ernannt.

Auf einer Konferenz aller Arbeiter- und Soldatenräte des rheinisch-westfälischen Industriereviers am 13. Januar wurden diese Beschlüsse bekräftigt. In einem Aufruf an die Bevölkerung wurde angekündigt, «daß die Ausbeutung des Arbeiters durch den Unternehmer ein Ende haben soll, daß die großen Betriebe den Kapitalisten genommen und Eigentum des Volkes werden sollen. Niemand soll sich mehr mühelos an der Arbeit anderer bereichern können, allen Arbeitenden sollen die Früchte ihrer

Arbeit selbst zugute kommen.» Dem Sozialisierungskommissar Ruben wurde ein aus je drei Vertretern der sozialistischen Parteien bestehendes Gremium, die sogenannte «Neunerkommission», beigegeben. Außerdem verabschiedete man auf der Konferenz eine Wahlordnung, die ein mehrstufiges System von Betriebsräten vorsah: Die Zechenräte sollten Bergrevierräte wählen, und aus diesen sollte, als oberste Instanz, ein Zentralzechenrat hervorgehen. Die Zauberwirkung der Sozialisierungsparole stellte sich sofort ein: Die Streiks wurden von einem Tag auf den anderen beendet.

Doch die Volksbeauftragten zeigten keinerlei Bereitschaft, die Essener Beschlüsse anzuerkennen. Obwohl die Neunerkommission sich sowohl um eine Zusammenarbeit mit der Regierung als auch mit den Gewerkschaften bemühte, stieß sie hier auf kaum verhüllte Ablehnung. Nach den Wahlen zur Nationalversammlung und der Bildung der Regierung Scheidemann war für die Führung der Mehrheitssozialdemokratie die Revolution beendet, «die mit ihren Eruptionen und konvulsivischen Nachwirkungen in ihrer Sicht ohnehin nur ein störendes, im Grunde überflüssiges und gewiß nicht ernstzunehmendes Intermezzo darstellte» (Hans-Joachim Bieber). Während sie noch eine Abordnung der Neunerkommission zu Verhandlungen nach Weimar einlud, traf sie zugleich Vorbereitungen für ein militärisches Eingreifen im Revier. Am 12. Februar ließ der neuernannte kommandierende General des VII. Armeekorps, Oskar von Watter, den als «radikal» verschrienen General-Soldatenrat in Münster auflösen und seine Mitglieder verhaften. Vier Tage später rückte das Freikorps Lichtschlag auf seinen Befehl zu einer «Befriedungsaktion» gegen Hervest-Dorsten aus. Hier begann die Blutspur der berüchtigten Formation, die ihr im Industrierevier den Namen «Freikorps Totschlag» eintragen sollte.

Das brutale Vorgehen der Militärs löste unter den Bergarbeitern eine ungeheure Erregung aus. Zugleich aber zerbrach die Einheit der drei sozialistischen Parteien, der die Sozialisierungsbewegung im Ruhrgebiet bislang ihre große Anziehungskraft verdankt hatte. Am 16. Februar beschloss man auf einer von den Linken beherrschten Konferenz in Mülheim, sofort den Generalstreik auszurufen. Daraufhin traten die Mehrheitssozialdemokraten aus der Neunerkommission aus. Immerhin befanden sich am 20. Februar über 180 000 Bergarbeiter im Ausstand – mehr als die Hälfte aller Belegschaften. Erneut setzte die Regierung Militär gegen die Streikenden ein, wobei es wiederum zu blutigen Kämpfen und Ausschreitungen kam. Am 21. Februar beschloss eine Delegiertenversammlung den Abbruch des Streiks; in den folgenden Tagen flaute er allmählich ab. Aufseiten der Arbeiter blieb eine maßlose Erbitterung zurück – nicht nur über die Regierung, die ihre Zuflucht wiederum bei den bewaffneten Kräften gesucht hatte, sondern auch über die Gewerkschaften, die das Vorgehen ausdrücklich unterstützt hatten.

Kaum war an der Ruhr die Arbeit wieder aufgenommen worden, brach am 24. Februar in Mitteldeutschland ein Generalstreik aus. Anders als im Ruhrgebiet wurde er nicht nur von den Arbeitern der Kohlebergwerke, sondern auch von denen der chemischen Großbetriebe getragen, die im Ersten Weltkrieg um Merseburg und Bitterfeld entstanden waren. Großen Einfluss übten hier die führenden Vertreter des linken USPD-Flügels aus, allen voran Wilhelm Koenen, der Redakteur des «Halleschen Volksblattes» und Sprecher der mitteldeutschen Rätebewegung. Deren Programm entsprach weitgehend dem der Essener Neunerkommission. Es verlangte, wie es in der Streikresolution hieß, einen «demokratischen Aus- und Aufbau des Rätesystems, in welchem die Betriebsräte vor allem das Mitbestimmungsrecht der Arbeiter an der gesamten Produktion sichern». Der mitteldeutsche Streik, dem sich die Arbeiter der Elektrizitätswerke und die Eisenbahner anschlossen, brachte Regierung und Nationalversammlung in Bedrängnis, denn sie saßen in Weimar wie auf einer Insel, abgeschlossen von den Verbindungen nach Berlin. Daher reagierte das Kabinett Scheidemann hier mit größerer Flexibilität. Zum 1. Mai ließ es Plakate anschlagen, mit denen unter der Schlagzeile «Die Sozialisierung marschiert!» schnelle Schritte zur Verwirklichung der «wirtschaftlichen Demokratie» und zum Aufbau des Rätesystems versprochen wurden, darüber hinaus auch die Sozialisierung aller Wirtschaftszweige, «die sich zur Übernahme in öffentlicher Bewirtschaftung eignen oder der

Kontrolle der Allgemeinheit unterstellt werden können». Gleichzeitig aber ließ die Regierung Truppen unter General Georg Maercker ins mitteldeutsche Industriegebiet einrücken und Halle, die Hochburg der USPD, besetzen. Wieder kam es zu schweren Kämpfen, die zahlreiche Tote und Verletzte forderten.

In den Verhandlungen mit den Streikenden machte die Regierung zwar einige Zugeständnisse. So sollten die Betriebsräte in der künftigen Verfassung verankert und ihnen Möglichkeiten eingeräumt werden, sich über alle wirtschaftlichen Vorgänge im Unternehmen zu informieren, soweit dadurch keine «Betriebsgeheimnisse» gefährdet würden. Doch im entscheidenden Punkt zeigten sich die sozialdemokratischen Regierungsvertreter unnachgiebig: Das Recht, den Betrieb zu leiten, wurde ausdrücklich den Unternehmern allein zuerkannt. Der Betriebsrat sollte die Betriebsleitung mit seinem Rat unterstützen; konkrete Kontroll- oder Mitbestimmungsrechte aber sollte er nicht erhalten. Von einer Sozialisierung, wie sie die Arbeiter im Ruhrgebiet und in Mitteldeutschland anstrebten, waren diese Vorstellungen weit entfernt. Dennoch sorgte allein das Versprechen, in dieser Richtung tätig zu werden, für eine vorübergehende Beruhigung. Am 8. März war der mitteldeutsche Generalstreik beendet.

Doch schon Anfang April 1919 wurde das Ruhrgebiet von einer neuen, großen Streikwelle erfasst. Vorausgegangen waren heftige Auseinandersetzungen über eine Verkürzung der Arbeitszeit. Unter dem Druck der explosiven Lage hatte der Zechenverband einer Reduzierung der Schichtzeit von 8 auf 7½ Stunden zugestimmt. Das aber reichte den Bergleuten nicht. Nach schweren Zusammenstößen zwischen Polizei und demonstrierenden Arbeitern am 24./25. März in Witten forderte eine von den Anhängern der USPD und der KPD dominierte Schachtdelegiertenkonferenz am 30. März unter anderem die sofortige Einführung der Sechsstundenschicht, eine 25-prozentige Lohnerhöhung, die Durchführung der «Hamburger Punkte», die Auflösung der Freikorps, die Entwaffnung der Polizei und die Bildung einer revolutionären Arbeiterwehr. Von Sozialisierung war nicht mehr ausdrücklich die Rede, doch dass sie den Hintergrund aller ökonomischen und politischen Forderungen bildete, wurde in dem Beschluss der Delegierten sichtbar, aus den alten Gewerkschaftsorganisationen auszutreten und eine Allgemeine Bergarbeiterunion zu gründen, die auf dem Rätesystem aufbauen sollte.

An dem Generalstreik, der am 1. April einsetzte, beteiligten sich bis Mitte des Monats über 300 000 Beschäftigte, das heißt knapp 75 Prozent aller Ruhrbergarbeiter – ein Zeichen dafür, wie tief die Unzufriedenheit saß. Die Regierung verhängte den Belagerungszustand und ernannte am 7. April Carl Severing, den langjährigen Redakteur der «Bielefelder Volkswacht», jetzt SPD-Abgeordneter in der Nationalversammlung, zum Staatskommissar für das Ruhrgebiet. Dieser nutzte seine außerordentlichen Vollmachten rigoros, ließ Streikführer verhaften, Arbeitswillige hingegen mit Sonderrationen von Lebensmitteln belohnen. Im Übrigen verhielt er sich taktisch flexibel, indem er ein gewisses Entgegenkommen im Blick auf die ökonomischen Beschwerden zeigte, aber Unnachgiebigkeit demonstrierte hinsichtlich aller weitergehenden politischen Forderungen. Nur allmählich flaute der Streik ab. Erst am 28. April wurde die Arbeit wieder in vollem Umfang aufgenommen. Als einziges Zugeständnis hatten die Arbeitgeber in die Verkürzung der Schichtzeit auf 7 Stunden eingewilligt. Aus Enttäuschung über das magere Ergebnis kehrten viele Bergarbeiter dem alten freigewerkschaftlichen Verband den Rücken. Zwischen April und Juni 1919 ging die Zahl seiner Mitglieder von 190 399 auf 147 832, also um über 42 000 oder um rund 22 Prozent, zurück. Die Ausgetretenen schlossen sich in ihrer Mehrzahl der neugegründeten Allgemeinen Bergarbeiterunion an.

Die Sozialisierungs- und Rätebewegung an der Ruhr und in Mitteldeutschland vom Frühjahr 1919 war nicht, wie es ihre Gegner immer wieder behaupteten, das Werk einer kleinen radikalen Minderheit; sie wurde vielmehr getragen von einer breiten, über alle Parteigrenzen hinweg reichenden Strömung in der Arbeiterschaft. Sie richtete sich nicht gegen die Etablierung der parlamentarischen Demokratie, sondern strebte im Gegenteil deren dauerhafte Sicherung durch die Verankerung von Kontroll- und Mitbestimmungsrechten der Arbeiter in den Betrieben und damit einen Umbau der privatkapitalistischen Wirtschaftsordnung an. Mit einer Unterstützung dieser Bewegung hätten Mehrheitssozialdemokratie und Gewerkschaften die Chance ergreifen können, die sozialistischen Inhalte ihres Programms tatsächlich zu verwirklichen. Diese Chance haben sie nicht genutzt. Aus Angst vor überstürzten Sozialisierungsexperimenten nahmen sie «ein noch viel größeres Risiko auf sich: die Radikalisierung von Schichten, auf deren Unterstützung sie dringend angewiesen waren» (Susanne Miller). Die Folgen dieser kurzsichtigen Politik sollten sich bald zeigen.

2. Die Berliner Märzmassaker

Am 3. März 1919 beschloss eine Vollversammlung der Arbeiter- und Soldatenräte Groß-Berlins, die Arbeiter der Hauptstadt für den nächsten Tag zu einem Generalstreik aufzurufen. «Dieses könnte der Anfang der zweiten Revolution sein», notierte Harry Graf Kessler besorgt. An der Spitze der Forderungen des Streikkomitees, die auch von einer Mehrheit der sozialdemokratischen Mitglieder getragen wurden, standen die Anerkennung der Arbeiter- und Soldatenräte, die Freilassung aller politischen Gefangenen, die Auflösung der Freikorpsverbände, die Bildung einer revolutionären Arbeiterwehr und die Aufnahme diplomatischer und wirtschaftlicher Beziehungen zur Sowjetunion. Noch am Abend des 3. März verhängte die preußische Regierung den Belagerungszustand über Berlin. Damit ging die vollziehende Gewalt auf Reichswehrminister Noske über, der gleichzeitig zum Oberbefehlshaber in den Marken ernannt wurde. Noske hatte, noch bevor der Streikbeschluss gefasst worden war, dem Generalkommando Lüttwitz den Befehl erteilt, Vorbereitungen für ein Eingreifen zu treffen. Offensichtlich setzte er wiederum auf eine gewaltsame Lösung des Konflikts. Das Inkrafttreten des Belagerungszustands bedeutete, dass wesentliche Verfassungsgrundsätze wie die Pressefreiheit, das Vereins- und Versammlungsrecht, die Unverletzlichkeit der Wohnung außer Kraft gesetzt wurden. Außerdem ordnete Noske die Einrichtung von außerordentlichen Kriegsgerichten an.

Am 4. März setzte der Generalstreik ein. Er machte, wie Theodor Wolff in seinem Tagebuch vermerkte, «keinen sehr überwältigenden Eindruck». Die Geschäfte blieben geöffnet, die elektrischen Straßenbahnen fuhren. Schon am ersten Tag zeigte sich, dass es keine einheitliche Streikfront gab. Aus Protest dagegen, dass auch Sozialdemokraten in der Streikleitung vertreten waren, traten die Kommunisten aus dem Gremium aus und bildeten ein eigenes Streikkomitee. Noch am Vormittag des 4. März gab Noske dem Generalkommando Lüttwitz den Befehl zum Einmarsch. Unter den Truppen mit einer Gesamtstärke von 31 400 Mann befand sich auch die Garde-Kavallerie-Schützen-Division, unter deren Regie die Morde an Rosa Luxemburg und Karl Liebknecht verübt worden waren. Bereits am Nachmittag des Tages kam es zu bewaffneten Auseinandersetzungen zwischen den Regierungstruppen auf der einen und der republikanischen Soldatenwehr und den Resten der Volksmarinedivision auf der anderen Seite. Besonders heftig umkämpft waren die Straßen um den Alexanderplatz sowie die proletarischen Bezirke Lichterfeld und Neukölln. Harry Graf Kessler berichtete von den «ernstesten Kämpfen seit Anfang der Revolution». «Viel Stimmung» sei «aber unter der Menge nicht bemerkbar».

Am 6. März fasste die Vollversammlung der Arbeiter- und Soldatenräte, um den Druck auf die Regierung zu erhöhen, den Beschluss, den Streik auch auf die Gas-, Wasser- und Elektrizitätswerke auszudehnen. Daraufhin zogen sich auch die Vertreter der Mehrheitssozialdemokratie, denen dieser Beschluss zu weit ging, aus der Streikleitung zurück. Zwei Tage später, am 8. März, trat die Berliner USPD das einzig Vernünftige und brach den aussichtslos gewordenen Streik ab.

Doch damit hörten die Kämpfe nicht auf. Im Gegenteil, sie wurden auf beiden Seiten mit wachsender Erbitterung geführt, wobei die Regierungstruppen auch schwere Artillerie, Minenwerfer und Maschinengewehre einsetzten. In einigen Stadtteilen Berlins herrschte faktisch Bürgerkrieg. Am 9. März verbreiteten die Berliner Tageszeitung «B. Z. am Mittag» und das Wolffsche Telegraphenbüro die Meldung, dass «Spartakusleute» in Lichtenberg 60 Kriminalbeamte und andere Gefangene brutal ermordet hätten. Die seriösen bürgerlichen Zeitungen wie das «Berliner Tageblatt» und die «Vossische Zeitung» griffen diese Meldung auf, und auch der sozialdemokratische «Vorwärts» stimmte in den Aufschrei des Entsetzens über den «Lichtenberger Gefangenenmord» ein: «Die Feder sträubt sich, wenn sie die grausenerregenden Handlungen nochmals beschreiben soll, die hier von spartakistischen Haufen an wehrlosen Gefangenen verübt worden sind.»

Als Quelle wurden «militärische Stellen» genannt. Tatsächlich führt die Spur wiederum zu Hauptmann Pabst von der Garde-Kavallerie-Schützen-Division, der die Meldung über die Lichtenberger Morde brauchte, um Noske dazu zu bewegen, am 9. März einen folgenschweren Befehl zu unterzeichnen: «Die zunehmende Grausamkeit und Bestialität der gegen uns kämpfenden Spartakisten zwingen mich zu befehlen: Jede Person, die mit Waffen in der Hand gegen Regierungstruppen kämpfend angetroffen wird, ist sofort zu erschießen.» Dieser «Schießbefehl» kam einer Lizenz zum Töten gleich, und er blieb auch in Kraft, nachdem sich nur wenig später herausgestellt hatte, dass der militärische Oberbefehlshaber ebenso wie die Redakteure der bürgerlichen und sozialdemokratischen Presse einer Falschmeldung aufgesessen waren. Am 13. März teilte die «Vossische Zeitung» ihren Lesern mit, «daß sich alle Nachrichten über die Massenerschießungen von Schutzleuten und Kriminalbeamten als unwahr erwiesen haben». Das Blatt drückte sein «lebhaftes Bedauern» darüber aus, «daß die Berliner Presse das Opfer einer unsachgemäßen Berichterstattung geworden ist».

In der Zwischenzeit hatte die enthemmte Soldateska den Befehl dazu genutzt, um das zu tun, was sie den «Spartakisten» unterstellt hatte: nämlich ungezählte Morde zu begehen. «Auf den Straßen, in den Höfen und in den Wohnungen wurden Menschen vor den Augen ihrer Familien erschlagen und erschossen», so beschrieb Karl Retzlaw, ein Funktionär der KPD, die Einnahme Lichtenbergs durch die Regierungstruppen. «Ein Massenmorden, wie es in Deutschland seit den Bauernkriegen nicht vorgekommen war.» Und der Dichter und Arzt Alfred Döblin, der «die grausigen, unerhörten, erschütternden Dinge der Eroberung Lichtenbergs» miterlebte, erinnerte sich: «Um dieselbe Zeit, wo in unserer Gegend die Granaten und Minenwerfer der Befreier ganze Häuser demolierten, wo viele in den Kellern saßen und dann, schrecklich, wo viele füsiliert wurden auf dem kleinen Lichtenberger Friedhof in der Möllendorffstraße – man muß die Leichen da vor der Schule liegen gesehen haben, die Männer mit den Mützen vor dem Gesicht, um zu wissen, was Klassenhaß und Rachegeist ist –, um dieselbe Zeit wurde im übrigen Berlin lustig getanzt.»

Die schrecklichste aller Mordtaten wurde am 11. März in der Französischen Straße 32, der Zahlstelle der inzwischen aufgelösten Volksmarinedivision verübt. Hier ließ Oberleutnant Otto Marloh 29 Angehörige der Volksmarinedivision gefangen nehmen und auf der Stelle erschießen. Ein Augenzeuge berichtete: «Es wurde minutenlang auf sie gefeuert, und das Schreien und Jammern, das zu uns heraufdrang, war entsetzlich. Selbst einem Feldwebel der Regierungstruppen ... traten die Tränen aus den Augen. Er sagte, daß er an allen Frontteilen gekämpft und viel Fürchterliches erlebt habe, aber zu einer derartigen Henkersarbeit würde er sich nicht hergeben.» Marloh wurde im anschließenden Militärgerichtsverfahren freigesprochen; die Morde blieben wiederum ungesühnt, weil sich die Täter gegenseitig deckten. Am 10. März wurde Leo Jogiches, der langjährige Gefährte Rosa Luxemburgs und nach ihrer und Karl Liebknechts Ermordung der führende Kopf der KPD, in seiner Neuköllner Wohnung verhaftet. Bei seiner Einlieferung ins Untersuchungsgefängnis Moabit wurde er von dem Kriminalwachtmeister Ernst Tamschick durch Schuss in den Hinterkopf getötet. Zwei Monate später erschoss derselbe Polizeibeamte den ehemaligen Kommandeur der Volksmarinedivision, Heinrich Dorrenbach, auf dieselbe Weise. Auch er wurde nicht bestraft, sondern sogar befördert.

Insgesamt verloren nach vorsichtigen Schätzungen 1200 Menschen in den Berliner Märzkämpfen das Leben. Die Regierungstruppen zählten 75 Tote. Noske rechtfertigte am 13. März vor der Nationalversammlung seinen Schießbefehl. Auf «juristische Tüfteleien» lasse er sich gar nicht ein; es sei ein Gebot der Staatsräson gewesen, so rasch wie möglich Ruhe und Sicherheit wieder herzustellen. Das war ihm gelungen – aber um welchen Preis! Am selben 13. März zog Harry Graf Kessler in seinem Tagebuch Bilanz: «Alle geistig und ethisch anständigen Menschen müssen einer so leichtsinnig und frech mit dem Leben ihrer Mitbürger spielenden Regierung den Rücken kehren. Die letzten acht Tage haben durch ihre Schuld, durch ihr leichtfertiges Lügen und Blutvergießen, einen in Jahrzehnten nicht wieder zu heilenden Riß in das deutsche Volk gebracht. Die Stimmung gegen sie heute Abend wechselte zwischen Abscheu und Verachtung. So mag man in Frankreich gegen Napoleon III. nach dem Staatsstreich empfunden haben, wie heute hier gegen Noske u(nd) Scheidemann.»

3. Die Münchner Räterepublik

Am 21. Februar 1919, einem sonnigen Vorfrühlingstag, wurde der bayerische Ministerpräsident Kurt Eisner von Anton Graf Arco auf Valley auf offener Straße durch zwei Schüsse in den Hinterkopf ermordet. Der Attentäter, ein 22-jähriger Leutnant der Infanterie und eingeschriebener Jurastudent an der Münchner Universität, wurde sofort überwältigt und durch Kugeln der begleitenden Wachsoldaten lebensgefährlich verletzt.

Eisner befand sich auf dem Weg in den Landtag, wo er die Demission seines Kabinetts bekannt geben wollte – eine Konsequenz aus den bayerischen Landtagswahlen vom 12. Januar 1919, die Eisners Partei, der USPD, eine verheerende Wahlniederlage beschert hatten. Sie hatte nur 2,5 Prozent (3 Sitze) erhalten, die MSPD, mit der sie seit November 1918 eine gemeinsame Regierung bildete, dagegen 33 Prozent (61 Sitze). Eisner hatte nicht sofort sein Amt niedergelegt, weil er noch Zeit gewinnen wollte für die Sicherung der revolutionären Errungenschaften. Das hatte ihm in Kreisen des Bürgertums und der Mehrheitssozialdemokratie den Vorwurf eingetragen, mit allen Mitteln an seinem Sessel «kleben» zu wollen.

Seit er am 7. November 1918 die Dynastie der Wittelsbacher gestürzt und den «Freistaat Bayern» proklamiert hatte, war Eisner Zielscheibe heftigster antisemitischer Angriffe. Er wurde der Sympathien mit dem Bolschewismus geziehen, als ostjüdischer Agent verdächtigt, der in Wirklichkeit «Salomon Kosmanowsky» heiße. Besonders verübelte man ihm, dass er an der deutschen Kriegsschuld nie einen Zweifel gelassen hatte. «Der Jude Salomon Kosmanowsky oder, wie er sich jetzt nennt, Kurt Eisner, erklärt, Deutschland wäre ganz recht geschehen, denn es hätte den Weltkrieg eingefädelt», empörte sich der Fregattenkapitän Bogislaw von Selchow, Tischnachbar Ernst von Weizsäckers in der Offiziersmesse, am 25. November 1918 in seinem Tagebuch. «Ob wir es später einmal glauben werden, daß wir solche Lumpen in Deutschland auch nur einen Tag geduldet haben?» Fast täglich liefen hasserfüllte Drohbriefe in der bayerischen Staatskanzlei ein; Aufrufe zum Mord wurden, wie in Berlin gegen Rosa Luxemburg und Karl Liebknecht, öffentlich plakatiert. In einer handschriftlichen Notiz, die Arco vor dem Attentat niederschrieb, gab er als Tatmotiv an: «Eisner ist Bolschewist, er ist Jude, er ist kein Deutscher, er fühlt nicht deutsch, untergräbt jedes vaterländische Denken und Fühlen, ist ein Landesverräter.» Jude *und* Sozialist zu sein – das kam in der deutschen Gegenrevolution des Jahres 1919 fast einem Todesurteil gleich.

Unter Münchens Bürgern wurde die Nachricht von der Ermordung Eisners nicht nur mit heimlicher Genugtuung aufgenommen. «Die Schulkameraden unserer Jungen haben bei der Nachricht applaudiert u(nd) getanzt», notierte Thomas Mann, aber bei der Arbeiterbevölkerung überwogen Trauer und Entsetzen. Denn hier hatte Eisner weit über die USPD-Anhänger Sympathien genossen. Beim Staatsbegräbnis säumten Hunderttausende die Straßen.

Im Landtag, eine Stunde nach dem Mord: Der bayerische Innenminister und Vorsitzender der MSPD, Erhard Auer, schärfster Widersacher Eisners im Kabinett, hatte soeben die Bluttat verurteilt – da stürzte der Schankkellner Alois Lindner, Mitglied des Revolutionären Arbeiterrats, in den Saal und feuerte zwei Schüsse auf Auer ab. In dem anschließenden Tumult wurden ein Abgeordneter der Bayerischen Volkspartei (BVP) und ein als Besucher anwesender Major getötet. Der schwer verletzte Auer wurde – wie zuvor der Attentäter Graf Arco – in die Klinik des Professors Sauerbruch eingeliefert und gerettet. Allerdings konnte er danach keine prominente Rolle mehr in der bayerischen Politik spielen.

Das Attentat auf Eisner und die Schüsse im Landtag bildeten den Auftakt für eine zweite, radikalere Phase der Revolution in München. Noch am 21. Februar rief der Vollzugsrat der Münchner Arbeiterräte Rätedelegierte aus ganz Bayern für den kommenden Tag zusammen. Aus dieser Versammlung ging ein Zentralrat der bayerischen Republik hervor, dem Vertreter von MSPD, USPD und KPD sowie der Bauernräte angehörten. Vorsitzender wurde der Mehrheitssozialdemokrat und Augsburger Volksschullehrer Ernst Niekisch, der zum linken Flügel der Partei gezählt wurde und als Anhänger des Rätesystems galt. Ein allgemeiner Rätekongress, der vom 25. Februar bis 8. März 1919 in München tagte, lehnte den vom Anarchisten Erich Mühsam eingebrachten Antrag, in Bayern eine sozialistische Räterepublik auszurufen, mit großer Mehrheit ab. Stattdessen wurde beschlossen, den Landtag auf unbestimmte Zeit zu vertagen und einem provisorischen Nationalrat die Regierung zu übertragen.

Doch dieser Beschluss blieb folgenlos, weil die MSPD auf dem Standpunkt beharrte, dass ein funktionsfähiges Kabinett nur aus dem gewählten Landtag hervorgehen könne. Dieser trat am 17. März zusammen und berief den pfälzischen MSPD-Politiker und ehemaligen Kultusminister in der Regierung Eisner, Johannes Hoffmann, zum neuen Ministerpräsidenten. Dem Kabinett gehörten neben Hoffmann drei weitere Vertreter der MSPD, zwei Vertreter der USPD, zwei parteilose Minister und ein Vertreter des Bauernbundes an. «Der politische Akt, den Ministerpräsident Eisner am 21. Februar vornehmen wollte, vollzieht sich jetzt», erklärte Hoffmann am 19. März im Landtag.

Es gelang der Regierung Hoffmann jedoch nicht, die erregte Stimmung in der Arbeiterschaft zu beruhigen. Im Gegenteil: Die Nachricht von der Proklamation der ungarischen Räterepublik durch Béla Kun in Budapest am 21. März 1919 wirkte beflügelnd auf alle jene in München, die von einem ähnlichen Experiment träumten. Hinzu kam, dass es wirtschaftlich immer weiter bergab ging und ein plötzlicher Wintereinbruch Ende März die Not verschärfte. «Die ganze Maschinerie des täglichen Getriebes schien aus den Fugen, und ein ungeheurer Druck lag über der Stadt», so beschrieb der Schriftsteller Oskar Maria Graf die Stimmung in den ersten Apriltagen.

Am 3. April sprachen sich Mitglieder des Augsburger Arbeiterrats im Beisein von Ernst Niekisch für die sofortige Ausrufung einer Räterepublik aus. Einen Tag später fasste der Zentralrat den Beschluss, die für den 8. April geplante Wiedereröffnung des Landtags abzusagen. «Die Erklärung der Räte-Republik scheint unmittelbar bevorzustehen», prophezeite Thomas Mann am 5. April. Tatsächlich fiel die Entscheidung über die Proklamation der Räterepublik in der Nacht vom 6. auf den 7. April im Schlafgemach der ehemaligen bayerischen Königin. In dem von Niekisch unterzeichneten Aufruf des Zentralrats wurde der Landtag für aufgelöst erklärt, der Rücktritt des Ministeriums Hoffmann bekannt gegeben und «jedes Zusammenarbeiten mit der verächtlichen Regierung Ebert-Scheidemann-Noske-Erzberger» abgelehnt. Die Regierung Hoffmann wich nach Bamberg aus und erklärte in Flugblättern, die sie aus einem Flugzeug über München abwerfen ließ: «Die Regierung des Freistaates ist nicht zurückgetreten. Sie hat ihren Sitz von München verlegt. Die Regierung ist und bleibt die einzige Inhaberin der Gewalt in Bayern und ist allein berechtigt, rechtswirksame Anordnungen zu erlassen und Befehle zu erteilen.»

«Das erste Stück von Deutschland, das zum Bolschewismus übergeht», kommentierte Harry Graf Kessler die Ausrufung der Münchner Räterepublik. «Wenn sich die Kommunisten dort halten könnten, so wäre das ein deutsches u(nd) europäisches Ereignis ersten Ranges.» Allerdings hatten es die Kommunisten in Bayern abgelehnt, sich an der Räteregierung zu beteiligen. Für Eugen Leviné, der Anfang März den bisherigen Vorsitzenden der bayerischen KPD Max Levien abgelöst hatte, war die neue Herrschaft nur eine «Scheinräterepublik», zumal an deren

Spitze Männer standen, denen die Kommunisten mit tiefem Misstrauen begegneten. Neuer Vorsitzender des Zentralrats wurde der Schriftsteller Ernst Toller, der sich im Ersten Weltkrieg zum Pazifisten gewandelt hatte und dem linken Flügel der USPD zugerechnet wurde. Unter den zwölf Volksbeauftragten der Rätebewegung befanden sich eine Reihe hochachtbarer Persönlichkeiten, so der parteilose Sozialist und Schriftsteller Gustav Landauer, der das Ministerium für Volksaufklärung (Erziehung) übernahm, aber auch einige skurrile Figuren wie der bisher völlig unbekannte Dr. Franz Lipp (USPD), der das Ressort des Äußeren leitete, oder der parteilose Anarchist Silvio Gesell, der zum Volksbeauftragten für das Finanzwesen bestimmt wurde. Lipp brach die diplomatischen Beziehungen zu Preußen ab und verschickte Depeschen in alle Welt, die wegen ihres überspannten, allen diplomatischen Gepflogenheiten spottenden Inhalts allgemeines Kopfschütteln erregten. Und Gesell löste mit der Ankündigung, er plane die Sanierung der Währung unter Verzicht auf die «systemlose Papierwirtschaft», eine Panik unter den Besitzenden aus, die um ihre Bankguthaben fürchteten. Mit solchen Eskapaden brachte sich die Räteregierung schon nach wenigen Tagen um viel Kredit. «Sehr komisch ist jedenfalls der Schwabinger Kunst-Einschlag», mokierte sich Thomas Mann am 10. April.

Andererseits fanden manche von Toller unterzeichneten Dekrete auch breite Zustimmung unter den Arbeitern, etwa die Beschlagnahme freistehender Wohnungen und ihre Zuweisung an Bedürftige, die Entwaffnung des Bürgertums und die Zensur der bürgerlichen Presse. Die Tätigkeit der Räteregierung wurde allerdings dadurch erschwert, dass sich jeder direkt mit seinem Anliegen an die neuen Herren wenden konnte. «In den Vorzimmern des Zentralrats drängen sich die Menschen», erinnerte sich Toller in seiner Autobiografie «Eine Jugend in Deutschland». «Jeder glaubt, die Räterepublik sei geschaffen, um seine privaten Wünsche zu erfüllen … Verkannte Lebensreformer bieten ihre Programme zur Sanierung der Menschheit an, ihr seit Jahrzehnten befehdetes Lebenswerk bürge dafür, daß jetzt endlich die Erde in ein Paradies verwandelt werde.» Unter diesen Umständen war an ein geordnetes Regieren kaum zu denken, zumal es sich bei der Proklamation der Räterepublik um eine vom übrigen Reich isolierte Aktion handelte und auch in Bayern selbst die Räteanhänger nur in den südlichen Regierungsbezirken Oberbayern und Schwaben größeren Rückhalt besaßen.

Für die Reichsregierung stand von vornherein außer Frage, dass die nach Bamberg geflohene Regierung Hoffmann als einzig legitime Inhaberin der Gewalt in Bayern anzusehen sei. Sie bedrängte Hoffmann, so rasch wie möglich gegen die Räteregierung vorzugehen. Am 12. April forderte Reichspräsident Ebert ultimativ «die Wiederherstellung des früheren Zustandes in Bayern». Sollten die wirtschaftlichen Boykottmaßnahmen gegen München «nicht in kürzester Zeit zum Ziel führen», erschiene ihm «als einzige Lösung militärisches Vorgehen». «Daß je rascher und durchgreifender dieses erfolgt, um so weniger Widerstand und Blutvergießen zu erwarten ist, hat uns die Erfahrung an anderen Stellen gelehrt.»

Doch Hoffmann war, gerade aufgrund der bisherigen Erfahrungen mit Noskes Soldateska, noch nicht willens, die militärische Hilfe der Reichsregierung in Anspruch zu nehmen. Er wollte zunächst einmal den Versuch machen, mit eigenen Kräften der Situation Herr zu werden. Am Palmsonntag, den 13. April 1919, unternahm die regierungstreue Republikanische Schutztruppe, unterstützt von Freiwilligen aus Nordbayern, in München einen Putsch. Sie drang ins Wittelsbacher Palais ein, verhaftete mehrere Mitglieder des Zentralrats, unter ihnen Erich Mühsam, und besetzte den Bahnhof. Die anschließenden Gefechte mit Arbeitermilizen forderten zwanzig Tote und über hundert Verletzte. Am Ende musste Hoffmanns Schutztruppe das Feld räumen.

Der gescheiterte Palmsonntagsputsch zeitigte zwei gegenläufige Entwicklungen: Zum einen sahen die Münchner Kommunisten um Eugen Leviné nun den Zeitpunkt gekommen, um das einwöchige Experiment der ersten Räteregierung zu beenden und sich selbst in den Besitz der Macht zu setzen. Noch in der Nacht des 13. April erklärte eine Versammlung der Münchner

Betriebs- und Kasernenräte (wie die Arbeiter- und Soldatenräte nun hießen) den Zentralrat für aufgelöst. Ein fünfzehnköpfiger Aktionsausschuss wurde als neue Regierung bestimmt mit einem Vollzugsrat als Exekutive, deren Vorsitz Leviné übernahm. In einem Flugblatt vom 14. April feierte er die neuerliche Umwälzung: «Die Sonne der Weltrevolution ist aufgegangen! Es lebe die Weltrevolution! Es lebe die bayerische Räterepublik! Es lebe das Proletariat!.. Es lebe der Kommunismus!» Ein neuntägiger Generalstreik wurde ausgerufen, um den Arbeitern in den Betrieben Gelegenheit zu geben, sich in einer Roten Armee zu organisieren.

Zum anderen aber sah sich Hoffmann gezwungen, nun doch die bisher abgelehnte militärische Hilfe der Reichsregierung zu erbitten. Am 16. April gab Reichsministerpräsident Scheidemann im Kabinett bekannt, dass er dem Ersuchen stattgeben würde. Mit der Durchführung der Reichsexekution gegen München wurde Reichswehrminister Noske beauftragt, der sich wiederum entschlossen zeigte, mit dem «Karneval des Wahnsinns», wie er die Zustände in München nannte, rücksichtslos aufzuräumen. Die Leitung der militärischen Operationen übertrug er dem preußischen Generalleutnant Ernst von Oven. In den Reihen der Invasionstruppen marschierten auch Freikorpsverbände, die Noske hinter dem Rücken der Regierung Hoffmann unter dem Kommando des bayerischen Obersten Franz Ritter von Epp in Bereitschaft gehalten hatte. Insgesamt verfügten die Regierungstruppen über 30 000 Mann; gegenüber dieser gut ausgerüsteten und trainierten Streitmacht besaßen die rasch zusammengewürfelten Einheiten der Roten Armee, die unter dem Oberkommando des Matrosen Rudolf Egelhofer standen, von vornherein nicht den Hauch einer Chance.

Ende April war der Belagerungsring um München geschlossen. Die bayerische Landeshauptstadt war damit vollständig von allen Lebensmittelzufuhren abgeschnitten; auch der Zahlungsverkehr brach zusammen. Die gemäßigten Mitglieder in der zweiten Räteregierung, allen voran Ernst Toller und sein Parteigenosse Gustav Klingelhöfer, drängten angesichts der verzweifelten Situation auf Verhandlungen mit der Regierung in

Bamberg. Am 27. April sprach eine Mehrheit der Münchner Betriebsräte dem Vollzugsrat das Misstrauen aus und zwang ihn zum Rücktritt. Im neuen Aktionsausschuss waren die Kommunisten nicht mehr vertreten.

Doch alle Versuche, in letzter Minute ein Blutvergießen zu verhindern, scheiterten an der kompromisslosen Politik Noskes einerseits und an der kampfentschlossenen, die eigenen Kräfte weit überschätzenden Haltung Egelhofers andererseits. Offenbar auf seinen Befehl wurden am 30. April im Luitpold-Gymnasium zehn dort festgehaltene Geiseln, darunter sieben Mitglieder der rechtsextremistischen Thule-Gesellschaft, erschossen – als Rache für die zuvor von den «weißen» Verbänden um München verübten Gräueltaten. Der sogenannte «Geiselmord», der auch von den Anhängern der Räteregierung scharf verurteilt wurde, diente den Regierungstruppen bei ihrem Einmarsch als Vorwand, um ein wahres Blutregiment zu errichten.

Am 1. Mai wurde in München gekämpft, bereits am 3. Mai stand der vollständige Sieg der Noske-Truppen fest. «Und nun», so bemerkt Sebastian Haffner zu Recht, «folgte ein ‹weißer Schrecken›, wie ihn noch keine deutsche Stadt, auch Berlin nicht, erlebt hatte. Eine Woche lang hatten die Eroberer Schießfreiheit, und alles, was ‹spartakusverdächtig› war – im Grunde die ganze Münchner Arbeiterbevölkerung –, war vogelfrei.» Unter den Opfern der Massaker waren auch 52 ehemalige russische Kriegsgefangene, die sich der Roten Armee zur Verfügung gestellt hatten, 12 Einwohner von Perlach, die meisten Sozialdemokraten, und 21 Mitglieder eines katholischen Gesellenvereins, die man zu Unrecht als «Spartakisten» denunziert hatte. Insgesamt kamen während dieser Schreckenstage über 600 Menschen ums Leben, die meisten völlig unbeteiligte Zivilisten. Erst nach dem 8. Mai hörten die willkürlichen Erschießungen auf. Für «die umsichtige Leitung und Durchführung der zur Befreiung Münchens aus der Hand der Bolschewisten notwendigen militärischen Operation» sprach Ministerpräsident Hoffmann dem Generalleutnant von Oven seinen Dank aus.

Nach ihrem Einmarsch machten die Häscher Jagd auf die führenden Repräsentanten der beiden Räterepubliken. Gustav

Landauer wurde am 2. Mai in der Wohnung von Else Eisner, der Witwe des ermordeten Ministerpräsidenten, gefangen genommen und bei seiner Einlieferung ins Gefängnis Stadelheim von Freikorpssoldaten auf bestialische Weise umgebracht. Rudolf Egelhofer wurde am selben Tage in seinem Versteck aufgespürt und nach schweren Misshandlungen am Morgen des 3. Mai im Innenhof der Residenz mit einem Kopfschuss getötet. Eugen Leviné wurde am 13. Mai verhaftet, nach kurzem Schauprozess wegen Hochverrats zum Tode verurteilt und am 5. Juni in Stadelheim hingerichtet. Ernst Toller konnte sich bis zum 4. Juni versteckt halten; er bekam fünf Jahre Festungshaft. Nur Max Levien konnte sich als einziger führender Kopf der Räteregierung der Verfolgung entziehen.

Am 7. Mai 1919 notierte Erich Mühsam im Zuchthaus Ebrach in sein Tagebuch: «Man blickt im Geiste um sich: lauter Tote, lauter Ermordete – es ist grauenhaft ... Mit den Münchner Schandtaten hat Noske sogar seine Berliner Blutorgien übertroffen. Das ist die Revolution, der ich entgegengejauchzt habe. Nach einem halben Jahr ein Bluttümpel: mir graut.» Thomas Mann aber machte aus seiner Erleichterung keinen Hehl: «Das Epp'sche Corps ist unter großem Jubel in bester Haltung eingezogen», schrieb er am 5. Mai. «K(atja)s Mutter geht es schon wieder zu ‹militaristisch› zu, aber ich bin voller Einverständnis und finde, daß es sich unter der Militärdiktatur bedeutend freier atmet, als unter der Herrschaft der Crapule.»

Die Regierung Hoffmann kehrte erst im August 1919 nach München zurück. Doch die wirkliche Macht im Lande lag nicht bei ihr, sondern bei den Militärs. Nach der Niederschlagung der Räterepublik setzte ein scharfer Rechtsruck ein. München wurde in den folgenden Jahren zum Tummelplatz völkischer und antisemitischer Kräfte. Hier sollte der ausgemusterte Weltkriegsgefreite und angehende Bierkelleragitator Adolf Hitler einen idealen Resonanzboden für seine hemmungslose Demagogie finden.

Der Mord an Eisner fand ein Nachspiel in einem Justizskandal, der zu den empörendsten in der Geschichte der Weimarer Republik zählt. Die Eröffnung des Verfahrens gegen Graf Arco wurde so lange herausgezögert, bis der nach Ungarn geflüchtete Auer-Attentäter Lindner an die bayerischen Behörden überstellt und im Dezember 1919 zu vierzehn Jahren Zuchthaus verurteilt worden war. Der Prozess gegen Arco fand im Januar 1920 statt. Die Richter bescheinigten dem Angeklagten, dass seine Tat «nicht niedriger Gesinnung, sondern der glühendsten Liebe zu seinem Volke und Vaterlande» entsprungen sei. Das Todesurteil wurde schon einen Tag nach der Urteilsverkündung vom bayerischen Ministerrat in eine lebenslange Haft umgewandelt. In der Festung Landsberg genoss Arco dieselben Privilegien, die einige Zeit später noch einem anderen prominenten Gefangenen zuteil werden sollten – Hitler, dem gescheiterten Putschisten vom November 1923. Bereits im April 1924 wurde der Eisner-Mörder entlassen. Seine Rechnung war aufgegangen. Denn schon im ersten Verhör durch den Staatsanwalt wenige Tage nach der Tat hatte er zu Protokoll gegeben, er hoffe darauf, bald begnadigt zu werden.

4. Versailler Vertrag und Kriegsschuldfrage

Am 7. Mai 1919, nach Tagen zermürbenden Wartens, wurden der deutschen Delegation in Versailles die Friedensbedingungen der alliierten Siegermächte übergeben. Damit endete das «Traumland der Waffenstillstandsperiode» (Ernst Troeltsch), während der sich weite Teile des deutschen Publikums in der Illusion gewiegt hatten, mit einem glimpflichen «Wilson-Frieden» davonkommen zu können – also mit einem Friedensschluss, der vom Geist der Verständigung und des Ausgleichs im Sinne der 14 Punkte des amerikanischen Präsidenten Woodrow Wilson vom Januar 1918 getragen wäre. Was stattdessen bekannt wurde, traf Regierung, Parteien und Öffentlichkeit wie ein Schock. Der Vertragsentwurf zeige «die Schamlosigkeit der französischen, englischen und amerikanischen Imperialisten in voller Nacktheit», entrüstete sich Hermann Molkenbuhr, ein Mitglied des SPD-Parteivorstands, in seinem Tagebuch. Und Erwin Planck, Generalstabsvertreter der Berliner zentralen Friedenskommission, schrieb am 9. Mai: «Da haben wir die Schweinerei. Ich war ja auf sehr viel gefaßt, aber diesen unverhüllten Vernichtungswillen hatte ich doch nicht vermutet.»

Danach büßte Deutschland rund ein Siebtel seines Gebietes und ein Zehntel seiner Bevölkerung ein. So sollte Elsass-Lothringen an Frankreich zurückgegeben und große Teile Posens und Westpreußens sollten an Polen abgetreten werden. Danzig sollte «Freie Stadt» werden unter dem Mandat des neu zu errichtenden Völkerbundes, das Memelgebiet unter alliierte Verwaltung fallen. Im Saarland sollte nach 15 Jahren eine Abstimmung über die künftige Zugehörigkeit entscheiden. Für die linksrheinischen Gebiete legte der Vertrag eine nach drei Zonen gestaffelte, auf maximal 15 Jahre befristete Besatzung fest. Deutschland musste auf sämtliche Kolonien verzichten, und ausdrücklich untersagt wurde ihm auch ein Anschluss Deutsch-Österreichs. Das Reichsheer sollte auf 100 000 Mann begrenzt werden. Außerdem musste Deutschland sich verpflichten, für alle Kriegsschäden und Kriegsverluste Reparationen zu leisten. Begründet wurde dieser Anspruch mit dem Artikel 231, in dem Deutschland und seine Verbündeten als Urheber des Kriegs bezeichnet wurden.

Besonders dieser «Kriegsschuldparagraph» löste einen Aufschrei der Empörung aus. Hier machte sich geltend, dass die Revolutionsregierung es versäumt hatte, die Bevölkerung schonungslos über die Politik der deutschen Reichsleitung in der Julikrise 1914 aufzuklären. Noch im November 1918 hatte der Rat der Volksbeauftragten beschlossen, die wichtigsten Akten zum Kriegsausbruch aus dem Archiv des Auswärtigen Amtes zusammenzutragen und herauszugeben. Damit beauftragt wurde Karl Kautsky, der nach dem Ende der Monarchie als Vertreter der USPD zum «beigeordneten Staatssekretär» im Auswärtigen Amt ernannt worden war. Ende März 1919 lag die Aktensammlung dem Kabinett Scheidemann vor. Der Befund war niederschmetternd: Die deutsche Reichsleitung war im Juli 1914 keineswegs friedfertig gewesen, im Gegenteil: Sie hatte, indem sie Österreich-Ungarn bedrängte, so rasch wie möglich gegen Serbien loszuschlagen, die Krise entscheidend verschärft und trug demnach die Hauptschuld an der Entfesselung des Krieges.

Am 8. April diskutierte das Kabinett die Frage, was mit Kautskys Dokumentensammlung geschehen solle. Der Berichterstatter, Reichsjustizminister Bell vom Zentrum, sprach sich nachdrücklich gegen eine Veröffentlichung aus, weil sie Deutschland einseitig belasten und die Alliierten ermutigen würde, dem besiegten Land harte Bedingungen aufzuerlegen. Der Korreferent, der MSPD-Minister ohne Geschäftsbereich Eduard David, hingegen plädierte für eine Publikation des Materials, da nur durch «völlige Klarheit und Wahrheit» in der Kriegsschuldfrage der Bruch mit dem alten System gegenüber den Siegermächten glaubhaft gemacht werden könne. Am Ende entschied das Kabinett, auf Empfehlung Scheidemanns, «von der Veröffentlichung der Dokumente z. Zt. abzusehen». Und nach der Übergabe der Friedensbedingungen am 7. Mai verstummten in der Regierung die Stimmen derer, die sich für die Publikation ausgesprochen hatten. Stattdessen gab das Auswärtige Amt am 11. Juni ein «Weißbuch betr. die Verantwortlichkeit der Urheber am Kriege» heraus, das nach Kautskys Worten «alles andere eher als einen Bruch mit der Politik des gestürzten Regimes erkennen» ließ. Erst im Dezember 1919 erschien eine überarbeitete und entschärfte Fassung der «Deutschen Dokumente zum Kriegsausbruch» – zu einem Zeitpunkt, als die Kampagne gegen die «Kriegsschuldlüge» der Alliierten schon voll entbrannt war und Gegenargumente kaum noch Chancen hatten, Gehör zu finden.

Bereits wenige Tage nach Bekanntgabe der Friedensbedingungen formierte sich eine breite Protestbewegung. Die in Weimar tagende Nationalversammlung kam am 12. Mai 1919 zu einer Sondersitzung in der Aula der Berliner Universität zusammen, um ihre Ablehnung zu bekunden. Reichsministerpräsident Scheidemann begründete für die Regierung, warum der Vertrag «unannehmbar» sei. «Welche Hand müßte nicht verdorren, die sich und uns in diese Fesseln legt?» Auch die auf ihn folgenden Redner fanden starke Worte des Abscheus und der Entrüstung. Der preußische Ministerpräsident, Paul Hirsch von der MSPD, rief aus: «Lieber tot, als Sklav!» Sein Parteifreund, der Abgeordnete Hermann Müller, sprach von einer Fortsetzung des

Krieges mit anderen Mitteln, der Zentrumspolitiker Adolf Groeber von der «Vergewaltigung und Versklavung eines alten Kulturvolks». Conrad Haußmann von der DDP sah einen «Vernichtungswillen der Entente Deutschland gegenüber» am Werk, und Gustav Stresemann, der spätere Außenminister, erklärte im Namen der DVP-Fraktion: «Was dieser Vertrag aus Deutschland macht, das ist ein zerstückeltes Reich, machtlos, auf ewige Zeit zur Fronarbeit verurteilt, von Fremdvölkern wie von Sklavenhaltern regiert.»

Im Protest gegen das Vertragswerk waren sich alle Parteien einig, von den Deutschnationalen bis zu den Sozialdemokraten, ja selbst der USPD-Vorsitzende Hugo Haase äußerte harsche Worte der Kritik, ließ allerdings durchblicken, dass man am Ende doch werde unterzeichnen müssen. Am 20. Mai protestierten die Spitzenverbände der Unternehmer und Gewerkschaften in einer gemeinsamen Erklärung gegen die Friedensbedingungen, die «das Todesurteil für das deutsche Wirtschafts- und Volksleben» bedeuteten. Auch Reichspräsident Ebert stellte mehrfach öffentlich klar, dass er das Diktat von Versailles für «unerfüllbar, unerträglich und unannehmbar» hielt. «Wir wären ehrlos und würdelos, wenn wir nicht die ganze Kraft aufbieten gegen die Schmach, die uns angedroht wird», erklärte er auf einer Protestversammlung in Berlin am 18. Mai. Der späteren Propaganda der nationalistischen Rechten gegen den «Schandfrieden» von Versailles wurde mit solchen markigen Reden der führenden Mehrheitssozialdemokraten der Boden bereitet.

Mit der Kundgebung vom 10. Mai hatte sich die Regierung Scheidemann unwiderruflich auf die Ablehnung des Vertragsentwurfs festgelegt. Doch die öffentliche Entrüstung war das eine; das andere war die Frage, was geschehen sollte, wenn die Alliierten bei ihrer harten Haltung blieben. Im Falle einer Ablehnung musste mit einer Wiederaufnahme der Kampfhandlungen gerechnet werden, und General Groener ließ die Regierung wissen, dass das deutsche Heer einer feindlichen Invasion kaum effektiven Widerstand würde entgegensetzen können und auch in der Bevölkerung keinerlei Neigung für eine Fortsetzung des Krieges bestünde. Unterdessen bemühte sich die von Außenminister Graf Brockdorff-Rantzau angeführte deutsche Delegation in Versailles, die Alliierten in einem regelrechten «Notenkrieg» zu einer Abmilderung der Friedensbedingungen zu bewegen. Dabei konzentrierte sie sich vor allem darauf, den Artikel 231 zu widerlegen. Die Kriegsschuldfrage stand auch im Mittelpunkt der Mantelnote, dem Kernstück der deutschen Gegenvorschläge, die am 29. Mai übermittelt wurden.

Doch die alliierten Staatsmänner, an ihrer Spitze Clemenceau, Lloyd George und Wilson, ließen sich davon wenig beeindrucken. Sie empfanden insbesondere das undiplomatische Auftreten des deutschen Verhandlungsführers Brockdorff-Rantzau, der wenig Verständnis zeigte für die Empfindlichkeiten der Gegenseite, als brüskierend. Am 16. Juni übergab der Sekretär der Friedenskonferenz der deutschen Delegation das endgültige Vertragswerk. Bis auf einige wenige Zugeständnisse – so sollte in Oberschlesien eine Volksabstimmung über die Zugehörigkeit des Gebiets zu Polen oder Deutschland entscheiden – wurden die deutschen Gegenvorschläge glatt abgelehnt. Als Antwort auf das deutsche Insistieren in der Kriegsschuldfrage formulierten die Siegermächte in einer Mantelnote nun noch schärfer als zuvor das Verdikt gegen die «Regierenden Deutschlands», die «den Krieg gewollt und entfesselt» hätten und für seinen «verbrecherischen Charakter» verantwortlich seien. Den Deutschen wurde in ultimativer Form eine Frist von fünf Tagen für die Unterzeichnung gesetzt (sie wurde später auf sieben Tage verlängert) – andernfalls drohte die Beendigung des Waffenstillstands. Noch am Abend des 16. Juni trat Brockdorff-Rantzau mit der Delegation die Rückreise nach Weimar an, um der Regierung die Ablehnung des Friedensvertrages zu empfehlen.

Es folgte eine Phase hektischer Sitzungen und Beratungen des Kabinetts und der Fraktionen. Unter dem Eindruck der kompromisslosen Haltung der Alliierten begann die Front der Ablehnungsbefürworter zu bröckeln. Bei einer Abstimmung im Kabinett am 18. Juni stimmten sieben Minister für und die gleiche Anzahl, unter ihnen Scheidemann, gegen die Annahme. Trotz der Drohung des Regierungschefs, von seinem Posten zurückzutreten, falls die Fraktion nicht beim kategorischen Nein bliebe, stimmten am 19. Juni 75 SPD-Abgeordnete für und nur 39 gegen die Unterzeichnung. Die DDP-Fraktion hatte sich schon zuvor auf eine Ablehnung festgelegt, während die Zentrumsfraktion ebenfalls am 19. Juni mit einer Vierfünftelmehrheit beschloss, «unter gewissen Voraussetzungen und unter Protest» dem Vertrag zuzustimmen. Unter diesen Bedingungen blieb Scheidemann nichts anderes übrig, als in der Nacht vom 19. auf den 20. Juni seinen Rücktritt zu erklären. Brockdorff-Rantzau schloss sich diesem Schritt an.

Am 21. Juni ernannte Ebert den bisherigen Reichsarbeitsminister und früheren zweiten Vorsitzenden der Generalkommission der Gewerkschaften, Gustav Bauer, zum Nachfolger Scheidemanns. Das Außenministerium übernahm der Sozialdemokrat Hermann Müller, das Reichsfinanzministerium Matthias Erzberger, der sich in der Zentrumspartei am entschiedensten für die Annahme des Vertrages ausgesprochen hatte. Dem neuen Kabinett gehörte die DDP nicht mehr an (erst im Herbst 1919 sollte sie wieder in die Regierung eintreten und damit die Arbeit der «Weimarer Koalition» fortsetzen). Am 22. Juni stimmte die Nationalversammlung mit 237 gegen 138 Stimmen (bei fünf Enthaltungen und einer ungültigen Stimme) dem Vertrag zu. Allerdings hatte die neue Regierung Bauer die Bereitschaft zur Unterzeichnung mit dem Vorbehalt verbunden, dass sich Deutschland weder als der «Urheber des Krieges» betrachte noch die Verpflichtung übernehme, deutsche «Kriegsverbrecher» auszuliefern. Noch in der Nacht wiesen die Alliierten den Vorbehalt zurück und bestanden auf der bedingungslosen Annahme innerhalb der gesetzten Frist.

So schien denn tatsächlich die Zustimmung zum Vertrag noch in letzter Minute gefährdet. «Die Spannung ist ungeheuer», notierte Harry Graf Kessler. «Die Luft drückt schwül. Gegenrevolution, Krieg, Aufstand drohen wie nahe Gewitterwolken.» Erst als es dem Zentrum gelang, die beiden Rechtsparteien DNVP und DVP zu einer Erklärung zu veranlassen, dass sie die «vaterländischen Gründe» der Abgeordneten, die für die Unterzeichnung stimmen wollten, nicht bezweifelten, war die Sache entschieden. Am Nachmittag des 23. Juni ermächtigte die Nationalversammlung die Regierung «mit großer Mehrheit», den Friedensvertrag zu unterzeichnen. Am 28. Juni setzten Außenminister Hermann Müller und der Zentrumsminister Johannes Bell im Spiegelsaal von Versailles, eben dort, wo 48 Jahre zuvor das Deutsche Reich gegründet worden war, ihre Unterschrift unter den Vertrag.

Der Versailler Vertrag war zweifellos hart, aber noch vergleichsweise milde, gemessen an dem, was ein siegreiches Kaiserreich seinen Gegnern auferlegt hätte. Einen Vorgeschmack hatte der Sonderfrieden von Brest-Litowsk mit dem revolutionären Russland geboten. Dennoch empfand eine große Mehrheit der Deutschen bis weit in die Reihen der Sozialdemokratie hinein den Friedensschluss als eine nationale «Schmach», gegen die man sich zur Wehr setzen müsse. Dabei wurden die Chancen verkannt, die das Vertragswerk langfristig einer geduldigen, auf internationale Verständigung ausgerichteten deutschen Politik bot. Die Propaganda gegen die «Kriegsschuldlüge» verband sich mit der «Dolchstoßlegende» zu einem bösartigen Gemisch, welches das politische Klima der Weimarer Republik nachhaltig vergiftete. Den Nutzen daraus zogen diejenigen Kräfte, die der jungen Demokratie ohnehin mit feindseliger Distanz begegneten.

5. Die Weimarer Verfassung

Zu den wichtigsten Aufgaben der in Weimar tagenden Nationalversammlung gehörte – neben dem Abschluss des Friedensvertrages – die Ausarbeitung einer neuen Reichsverfassung. Als das Plenum am 24. Februar 1919 die Beratungen darüber aufnahm, waren wesentliche Vorentscheidungen bereits gefallen. Die Führung der MSPD hatte nie einen Hehl daraus gemacht, dass sie ein parlamentarisches System auf der Grundlage einer liberal-demokratischen Verfassung anstrebte. Mit der Reform von Ende Oktober 1918, der Ausrufung der Republik am 9. November und der Verkündung des allgemeinen und gleichen Wahlrechts am 12. November waren die Weichen in diese Richtung gestellt worden. Ein weiterer Schritt von wegweisender Bedeutung war die Berufung des Berliner Staatsrechtlers Hugo Preuß zum Staatssekretär des Innern am 15. November 1918, und zwar mit dem ausdrücklichen Auftrag, einen Verfassungsentwurf auszuarbeiten. Der linksliberale Gelehrte hatte bereits im Krieg verfassungspolitische Vorschläge vorgelegt, die auf die Einführung des parlamentarischen Regierungssystems zielten, und einen Tag vor seiner Berufung in einem programmatischen Artikel «Volksstaat oder verkehrter Obrigkeitsstaat?» sich vehement für eine Zusammenarbeit des liberalen Bürgertums mit den gemäßigten Kräften in der Arbeiterbewegung ausgesprochen. Gerade deshalb erschien er Ebert für seine neue Aufgabe besonders geeignet, zumal die Mehrheitssozialdemokraten keinen geeigneten Kandidaten präsentieren konnten. Mit der Bestellung von Preuß verzichteten die Volksbeauftragten darauf, das Werk der Verfassungsgebung in die eigenen Hände zu nehmen und maßgeblich zu bestimmen.

Die Vorarbeiten für die Reichsverfassung wurden zügig in Angriff genommen. Vom 9. bis 12. Dezember fand im Reichsamt des Innern eine Besprechung statt, an der neben Regierungsvertretern und den Referenten der Ministerien auch einige Wissenschaftler, darunter der Nationalökonom und Soziologe Max Weber, teilnahmen. Die Ergebnisse fasste Preuß in einem ersten Entwurf vom 3. Januar 1919 zusammen. Darin wurden die wichtigsten Elemente der künftigen staatlichen Organisation Deutschlands in 68 Artikeln skizziert. Ausgangspunkt war die Anerkennung des Prinzips der Volkssouveränität. Der starken Stellung der Volksvertretung, des Reichstags, sollte aber ein mit großen Kompetenzen ausgestatteter Reichspräsident entgegengesetzt werden. Darauf hatte insbesondere Max Weber gedrungen, der in einem vom Volk direkt gewählten Präsidenten ein unverzichtbares «Gegengewicht gegen das Parlament» erblickte. Die bisherige föderative Ordnung des Reiches sollte in unitarischem Sinne umgestaltet werden. Dabei war eine Neugliederung der Länder in 16 annähernd gleich große Gebiete vorgesehen.

Der erste Verfassungsentwurf wurde am 14. Januar im Rat der Volksbeauftragten eingehend diskutiert und in den Grundzügen gebilligt, allerdings mit zwei Einschränkungen: Zum einen forderte Ebert eine Aufnahme von Grundrechten in die Verfassung. Gerade das aber hatte Preuß vermeiden wollen, denn in seinen Augen war das Verfassungswerk der Paulskirche von 1848 vor allem «infolge der Endlosigkeit der Verhandlungen über die Grundrechte» gescheitert. Zum anderen mussten die konkreten Vorschläge für eine Neugliederung des Reichsgebiets gestrichen werden; an deren Stelle trat eine allgemein gehaltene Klausel, die eine spätere Änderung der föderativen Struktur des Reiches nicht ausschloss.

Gegen die unitarischen Bestrebungen liefen die Länder, wie zu erwarten, Sturm. Am 25. Januar 1919 fand in Berlin eine Staatenkonferenz statt, an der Vertreter der Reichsregierung und der Einzelstaaten teilnahmen. Auf Antrag Kurt Eisners wurde beschlossen, einen «Staatenausschuss» einzusetzen, der bei der Ausarbeitung eines «Gesetzes über die vorläufige Reichsgewalt» beteiligt werden sollte. Dieses Gesetz wurde am 10. Februar von der Nationalversammlung mit großer Mehrheit angenommen. Darin wurden die wichtigsten Verfassungsorgane definiert: der Reichstag, der Reichspräsident, die Reichsregierung und ein «Staatenhaus» (als Vertretung der Länder).

Damit war das Grundgerüst der neuen Verfassungsordnung bereits fixiert, bevor die eigentlichen Beratungen überhaupt begonnen hatten. Am 21. Februar wurde der Verfassungsentwurf der Nationalversammlung vorgelegt und nach der ersten Lesung vom 24. Februar bis 4. März an einen 28-köpfigen Ausschuss überwiesen, in dem alle Fraktionen vertreten waren. Die MSPD stellte zwar mit 11 Mitgliedern die größte Gruppe, verzichtete aber auf den Vorsitz zugunsten des württembergischen DDP-Abgeordneten Conrad Haußmann – wiederum ein Beweis für die herausragende Rolle der Liberalen im Prozess der Verfassungsgebung. Der Ausschuss kam zwischen dem 4. März und 18. Juni zu 42 Sitzungen zusammen. Die fehlende Öffentlichkeit war einerseits ein Nachteil, weil die Bevölkerung keinen Anteil an den Beratungen nehmen konnte, andererseits aber auch ein Vorteil, weil im Gegensatz zu den öffentlichen Plenarverhandlungen die Atmosphäre im Ausschuss eher durch die Bereitschaft zu einem sachlichen Austrag der parteipolitischen Differenzen geprägt war.

Die Auseinandersetzungen konzentrierten sich zunächst auf das Verhältnis zwischen Reich und Ländern. Zwar war Preuß mit seinem unitarischen Konzept schon vor Beginn der Verfassungsberatungen gescheitert, doch setzte er nun seine Hoffnung darauf, dass der Ausschuss den Ambitionen der Einzelstaaten Zügel anlegen würde. Tatsächlich gelang es, die Kompetenzen des Reiches vor allem auf dem Gebiet der Finanzverwaltung, des Militärs, der Post und des Verkehrswesens zu erweitern. Der «Reichsrat», wie die Ländervertretung nun genannt wurde, erhielt im Vergleich zum Bundesrat des Kaiserreichs eine weit schwächere Stellung im Rahmen des Gesetzgebungsverfahrens. Artikel 18 räumte zwar die Möglichkeit einer Neugliederung der Länder ein, doch wurde davon kein Gebrauch gemacht. Vor allem blieb das Kernproblem ungelöst: nämlich Preußen, das mehr als drei Fünftel der Fläche und der Bevölkerung Deutschlands umfasste und sich damit allein durch seine Existenz jeder verträglichen bundesstaatlichen Lösung widersetzte. Auch die führenden Sozialdemokraten widersprachen der Absicht von Preuß, den größten deutschen Einzelstaat, in dem sie seit November 1918 regierten, in mehrere kleine Länder zu zerlegen. Das Problem der «Reichsreform» sollte während der gesamten Geschichte der Weimarer Republik auf der Tagesordnung bleiben.

Noch heftiger umstritten war die Frage von Stellung und Funktion des Reichspräsidenten. Die von Hugo Preuß und Max Weber favorisierte machtvolle Ausgestaltung des Reichspräsidentenamtes fand nicht nur bei den Linksliberalen, sondern auch bei den anderen bürgerlichen Parteien viel Zustimmung. Damit glaubten sie, dem «Parlaments-Absolutismus» einen Riegel vorschieben, vor allem der Gefahr einer sozialistischen Mehrheit im Reichstag begegnen zu können. Ein starker Reichspräsident erschien überdies als Garant staatlicher Kontinuität zwischen Monarchie und Republik, als eine Art «Ersatzkaiser». Gerade diese Vorstellung aber forderte den Widerspruch der MSPD heraus. In der ersten Lesung des Verfassungsentwurfs am

28. Februar warnte ihr Sprecher Richard Fischer: «Wir müssen mit der Tatsache rechnen, daß eines Tages ein anderer Mann aus einer anderen Partei, vielleicht aus einer reaktionären, staatsstreichlüsternen Partei an dieser Stelle stehen wird. Gegen solche Fälle müssen wir uns doch vorsehen ...»

Diese Bedenken stießen bei den bürgerlichen Parteien auf taube Ohren, und vor dem Hintergrund der bürgerkriegsähnlichen Kämpfe im Frühjahr 1919 wuchs auch in der MSPD die Bereitschaft, in dieser Frage nachzugeben, zumal ja einer der ihren, nämlich Friedrich Ebert, das höchste Staatsamt bekleidete. Zwar blieb der alle vier Jahre nach dem Verhältniswahlrecht gewählte Reichstag das zentrale Verfassungsorgan: Ihm oblag die Gesetzgebung, er entschied über Krieg und Frieden, die Regierung war von seinem Vertrauen abhängig, er konnte den Reichskanzler durch ein Misstrauensvotum stürzen. Durch die Möglichkeit, Untersuchungsausschüsse einzurichten, wurde er außerdem in die Lage versetzt, die Bürokratie wirksamer als bisher zu kontrollieren. Doch daneben schrieb die neue Verfassung die herausragende Position des Reichspräsidenten fest. Er wurde vom Volk auf sieben Jahre gewählt, ernannte und entließ die Reichsregierung, konnte den Reichstag auflösen, hatte den militärischen Oberbefehl. Vor allem aber räumte ihm der Artikel 48 Ausnahmebefugnisse ein: Danach war er ermächtigt, «wenn die öffentliche Sicherheit und Ordnung erheblich gestört oder gefährdet wird», die zu ihrer Wiederherstellung notwendigen Maßnahmen zu treffen, das heißt Grundrechte weitgehend außer Kraft zu setzen und gegebenenfalls auch mit militärischen Mitteln einzugreifen. In der Kombination dieses «Notverordnungsartikels» mit der Volkswahl, der langen Amtszeit und dem Recht zur Reichstagsauflösung besaß der Reichspräsident eine beachtliche Machtfülle, und zwar gerade für den Fall, dass keine für das Funktionieren des parlamentarischen Systems notwendige Mehrheitsbildung im Reichstag zustande kam. In der Endphase der Weimarer Republik sollte eintreten, was der USPD-Abgeordnete Oskar Cohn in der zweiten Lesung im Plenum am 5. Juli 1919 prophezeite: dass einmal ein «Trabant der Hohenzollern, vielleicht ein General» das einflussreiche Amt bekleiden und die ihm zur Verfügung stehenden Kompetenzen missbrauchen könnte.

Zu langen Diskussionen kam es auch über den Grundrechtskanon der Verfassung. Auf Drängen der Volksbeauftragten hatte Preuß in seinen Entwurf Bestimmungen aufgenommen, die sich an den klassischen Freiheitsrechten des Individuums gegenüber dem Staat orientierten. Im Verfassungsausschuss der Nationalversammlung schlug der große alte Liberale und DDP-Abgeordnete Friedrich Naumann vor, diesen Katalog zu erweitern um «volkstümliche Grundrechte», die den veränderten politischen und sozialen Gegebenheiten Rechnung tragen sollten. Aufgrund dieser überraschenden Intervention entschloss man sich, die Verfassung in zwei große, gleichgewichtige Hauptteile zu gliedern: einen, der «Aufbau und Aufgaben des Reiches» beschrieb, und einen zweiten, der die «Grundrechte und Grundpflichten der Deutschen» umfasste. Was die Formulierung des zweiten Teils betraf, sahen sich die verschiedenen gesellschaftlichen und politischen Gruppen nun aufgefordert, ihre Ansprüche und Sonderinteressen anzumelden. So gelang es dem Zentrum, Artikel über Kirche und Schule einzubringen, während auf der anderen Seite die Arbeiterschaft damit zufriedengestellt werden sollte, dass die Möglichkeit einer Überführung «geeigneter privater wirtschaftlicher Unternehmungen in Gemeineigentum» und die Verankerung von Betriebsräten in die Verfassung eingeräumt wurde (Artikel 165). Darüber hinaus enthielt die Verfassung zahlreiche Bestimmungen zum Berufsbeamtentum, zu Eigentum und Erbrecht, Ehe und Elternrecht, zu Gewerbe und Vertragsfreiheit und anderes mehr. Das Ganze war kein konsistenter Entwurf, sondern ein Sammelsurium von Einzelforderungen, die einen Kompromiss darstellten zwischen sozialistischen, liberalen, konfessionellen und konservativen Zielvorstellungen.

In dieser Kompromissstruktur zeigte sich, dass die Weimarer Verfassung nicht das Ergebnis einer erfolgreichen, sondern einer stecken gebliebenen Revolution war – «einer Revolution, der es nicht gelungen war, die tatsächlichen Machtverhältnisse zu ändern und eine wirkliche Neuordnung durchzusetzen» (Reinhard

Rürup). Das wurde auch deutlich im Streit um die «Flaggenfrage». Die Sozialdemokraten, eine Mehrheit des Zentrums und eine Minderheit der DDP hatten sich, an die Tradition der Revolution von 1848/49 anknüpfend, für Schwarz-Rot-Gold als Reichsfarben entschieden; die Rechtsparteien, aber auch die Mehrheit der Demokraten wollten die alten Farben des Kaiserreichs, Schwarz-Weiß-Rot. Am Ende kam ein fragwürdiger Kompromiss zustande: Neben Schwarz-Rot-Gold als Reichsflagge wurde als Handelsflagge Schwarz-Weiß-Rot eingeführt, die in der oberen inneren Ecke, gewissermaßen als Feigenblatt, eine schwarz-rot-goldene «Gösch» trug.

Am 31. Juli 1919 wurde die Verfassung von der Nationalversammlung mit 262 gegen 75 Stimmen angenommen. Für die Vorlage stimmten DDP, Zentrum und MSPD, dagegen USPD, DNVP und DVP. 86 Abgeordnete, überwiegend der Mehrheitsparteien, blieben der Abstimmung fern – was kein gutes Omen für die Zukunft war. Dennoch feierte die liberale «Frankfurter Zeitung» das Verfassungswerk mit den Worten des Reichsinnenministers Eduard David (MSPD): Deutschland könne nun als «die demokratischste Demokratie der Welt» bezeichnet werden. Auch für den sozialdemokratischen «Vorwärts» markierte der 31. Juli 1919 einen Tag «von größter historischer Bedeutung», da nun das «ganze Leben der deutschen Nation ... auf eine neue und nun endgültig sichere Grundlage» gestellt worden sei und «die Revolution ... in ihm ihren Abschluss» gefunden habe. Die meisten bürgerlichen Blätter machten hingegen aus ihrer Skepsis bzw. offenen Ablehnung keinen Hehl. Und auch von vielen Deutschen wurde die Weimarer Reichsverfassung «mehr hingenommen als angenommen» (Heinrich August Winkler). Nicht sie stand im Vordergrund der öffentlichen Aufmerksamkeit, sondern das «Friedensdiktat» von Versailles. «Die Verfassung von Weimar ist nicht im Sonnenglanz des Glücks geboren», urteilte Hugo Preuß wenige Tage nach ihrer Verabschiedung durch die Nationalversammlung.

Am 11. August 1919 unterzeichnete Ebert die Verfassung in seinem Urlaubsort in Schwarzburg. Dieser Akt erfolgte ohne jedes Zeremoniell, gleichsam geschäftsmäßig. Und auch Eberts

Vereidigung am 21. August in Weimar war wenig dazu angetan, die Begeisterung für die neue Ordnung zu heben. «Alles sehr anständig, aber schwunglos ...», bemerkte Harry Graf Kessler. «Dieses kleinbürgerliche Theater als Abschluss des gewaltigen Krieges und der Revolution! Wenn man über die tiefere Bedeutung nachdachte, hätte man weinen mögen.»

Der glanzlose Start selbst sprach nicht gegen das, was die Schöpfer der Verfassung ersonnen und in zäher Arbeit unter den widrigsten inneren und äußeren Bedingungen in Weimar zustande gebracht hatten. Ungeachtet aller Mängel stellte diese Verfassung, wie Arthur Rosenberg hervorgehoben hat, «ein Werkzeug» dar, «dessen sich das deutsche Volk durchaus im fortschrittlichen Sinne zum Ausbau der Demokratie und des Sozialismus hätte bedienen können». Doch eben das geschah nicht. Nicht nur unter Militärs, ostelbischen Junkern und der völkischen Rechten, sondern auch im akademischen Bürgertum, vor allem unter Studenten, wurde die Verfassung zum verhassten Symbol des «Systems». «In manchen juristischen Kollegien wird gescharrt, wenn das Wort ‹Reichsverfassung› fällt», beobachtete Ernst Troeltsch im Dezember 1919.

6. Ausblick

Nach der Unterzeichnung des Friedensvertrages und der Verabschiedung der Verfassung schien sich die Lage zu beruhigen. Doch der Schein trog. Denn tatsächlich setzte sich der Prozess der Radikalisierung, der im Frühjahr 1919 begonnen hatte, ungebremst fort, und zwar sowohl auf der linken als auch auf der rechten Seite des politischen Spektrums. Aus Enttäuschung über die mageren Ergebnisse der Revolution, aber auch aus Empörung über das Wüten der Noske-Soldateska wandten sich große Teile der Arbeiterschaft von der MSPD ab und der USPD zu. Bei Landtags- und Gemeindewahlen im Frühjahr und Sommer 1919 erlitten die Sozialdemokraten starke Verluste; die USPD konnte sie in vielen Orten, etwa in Berlin und München, überflügeln. Die Mitgliederzahl der Partei stieg von 300 000 im März auf 750 000 im November 1919. Die USPD war im Begriff, zur stärksten Kraft in der sozialistischen Arbeiterbewegung zu werden.

Parallel zu diesem Aufwärtstrend machte sich innerhalb der USPD ein scharfer «Ruck nach links» bemerkbar. Auf dem außerordentlichen Leipziger Parteitag Ende November/Anfang Dezember 1919 wurde ein Aktionsprogramm verabschiedet, das eine klare Absage an den Parlamentarismus als «Ausdruck des Machtwillens der Bourgeoisie» und ein eindeutiges Bekenntnis zum «revolutionären Rätesystem» enthielt. Jede Möglichkeit einer Zusammenarbeit mit der MSPD war damit ausgeschlossen. Auch in einer anderen Grundsatzfrage konnte sich der linke Flügel durchsetzen: Der Parteitag beschloss, die Trennung von der Zweiten (sozialistischen) Internationale zu vollziehen und Verhandlungen mit der im März 1919 in Moskau gegründeten Dritten (kommunistischen) Internationale aufzunehmen. An der Frage der Aufnahmebedingungen sollte die USPD nur zehn Monate später, im Oktober 1920, zerbrechen – und damit der kometenhafte Aufstieg der Partei ein jähes Ende finden.

Weitaus bedrohlicher für die junge Republik als die Radikalisierung der USPD war freilich das, was sich auf der Rechten zusammenbraute. Harry Graf Kessler, der die Entwicklung genau beobachtete, notierte Anfang September 1919: «Mein Eindruck ist jetzt auch, dass die Revolution vorläufig zu Ende ist. Was gegenwärtig marschiert, ist die Gegenrevolution, hinter der die Monarchie schon deutlich wieder auftaucht. Die vollständige Unfähigkeit des sozialdemokratischen Regierungspersonals, die weit überlegene Erfahrung und Schlauheit der konservativen Beamten ..., die Schwierigkeit, in einem ruinierten Lande Sozialismus zu machen, die physische Ermattung des ausgehungerten Proletariats haben die Revolution auf einen toten Punkt gebracht; u(nd) da Nichts dauernd stillstehen kann, so kommt jetzt die rückläufige Bewegung, die Gegenrevolution.»

Nutznießer dieser «Welle von rechts» (Ernst Troeltsch) waren vor allem völkisch-antisemitische Gruppierungen, die verstärkt Zulauf erhielten. Der Deutschvölkische Schutz- und Trutzbund, der im Oktober 1919 aus dem Zusammenschluss des Deutschen

Schutz- und Trutzbundes und des Deutschvölkischen Bundes hervorging, entwickelte sich in kurzer Zeit zu einer Massenorganisation. Kernpunkt seines Programms war der Kampf gegen die «Judenrepublik», als die die Weimarer Demokratie denunziert wurde. Auch in der Deutschnationalen Volkspartei fanden antisemitische Tendenzen weithin Anklang. Im Oktober 1919 wandte sich der Hauptvorstand der Partei gegen «die Vorherrschaft des Judentums», die «mit der Revolution in Regierung und Öffentlichkeit immer verhängnisvoller» hervorgetreten sei. In der Verunglimpfung des demokratischen Führungspersonals war den Gegnern der Republik jedes Mittel recht. Besonders giftigen Attacken sah sich Reichsfinanzminister Matthias Erzberger ausgesetzt. Als Initiator der Friedensresolution der Reichstagsmehrheit vom Juli 1917, Leiter der deutschen Waffenstillstandsdelegation vom November 1918 und Schöpfer einer Finanzreform 1919/20, welche die Vermögenden belastete, hatte er sich bei der Rechten besonders verhasst gemacht. In einer Broschüre «Fort mit Erzberger!» warf der frühere Staatssekretär des Reichsamts des Innern und jetzige DNVP-Politiker Karl Helfferich dem Reichsfinanzminister eine Verquickung von Politik und persönlichen Geschäftsinteressen vor. Der Beleidigungsprozess, den Erzberger daraufhin gegen Helfferich anstrengte, wurde zu einem Lehrbeispiel für die Rechtslastigkeit der Weimarer Justiz. Am Ende triumphierte der Beleidiger; Erzbergers Ansehen war zerstört. Noch am Tage des Urteilsspruchs, am 12. März 1920, legte er sein Amt nieder.

Einen Tag danach trat ein, was schon lange abzusehen war: Unter der Führung des preußischen Generallandschaftsdirektors Wolfgang Kapp, der 1917 zu den Mitbegründern der extrem nationalistischen Deutschen Vaterlandspartei gehört hatte, und des Freiherrn von Lüttwitz, des kommandierenden Generals des Reichswehr-Gruppenkommandos I in Berlin, putschten Militärs und ostelbische Junker gegen die Republik. Seit der Annahme des Versailler Vertrages waren große Teile des alten Offizierskorps auf Konfrontationskurs zur Reichsregierung gegangen. Den Militärs war der Gedanke unerträglich, dass die Regierung ihrer vertraglichen Verpflichtung nachkommen und das Heer auf 100 000 Mann reduzieren könne. Vor allem die Freikorps sträubten sich gegen ihre Auflösung. Dazu gehörte auch die Marinebrigade unter Kapitän Ehrhardt, die in Döberitz bei Berlin stationiert war. Ihre Mitglieder trugen – ein schlimmes Vorzeichen – bereits das Hakenkreuz am Stahlhelm.

In der Nacht vom 12. auf den 13. März, als die Brigade Ehrhardt ihren Marsch auf Berlin angetreten hatte, beriet Noske im Reichswehrministerium in der Bendlerstraße mit den Offizieren. Mit Ausnahme des Chefs der Heeresleitung, General Reinhardt, lehnten die Militärs einen Kampf gegen die Putschisten ab. «Truppe schießt nicht auf Truppe», erklärte General von Seeckt, der Chef des Truppenamtes. Das kam einem Akt offener Auflehnung gegen die Regierung gleich. Dieser blieb nichts anderes übrig, als Berlin fluchtartig zu verlassen und vom neuen Domizil, Stuttgart, aus den zivilen Widerstand zu organisieren.

Der am 15. März mit voller Wucht einsetzende Generalstreik brachte innerhalb weniger Stunden das gesamte Wirtschaftsleben in Deutschland zum Erliegen. Die Putschisten saßen in der Reichskanzlei bei Kerzenlicht, gänzlich isoliert von der Außenwelt. Bereits am 17. März mussten sie sich das Scheitern ihres Unternehmens eingestehen. Die Hauptbeteiligten, unter ihnen Ludendorff und der Luxemburg-Liebknecht-Mörder Pabst, verließen Berlin mit gefälschten Pässen.

Das klägliche Ende des Putsches hätte den Auftakt bilden können zu einem Durchgreifen gegen die rechten Verächter der Republik. Diese Chance blieb ungenutzt. Reichswehrminister Noske, der die politische Verantwortung trug, musste zwar zurücktreten. Doch zum neuen Chef der Heeresleitung wurde ausgerechnet Seeckt bestellt, der in den Tagen des Putsches seine Unzuverlässigkeit unter Beweis gestellt hatte. Und im Kampf gegen die «Rote Ruhrarmee», die sich während des Putsches im rheinisch-westfälischen Industriegebiet gebildet hatte, setzte die Regierung unter anderem jene Freikorpsverbände ein, die sie eben noch hatten stürzen wollen.

Bei den Reichstagswahlen vom 6. Juni 1920 erhielten die Sozialdemokraten die Quittung. Sie kamen nur noch auf 21,7% (1919: 37,9), die USPD hingegen konnte ihren Anteil von 7,6 auf 17,9 % erhöhen und war nun (zusammen mit den 2,1 %, die auf die KPD entfielen) fast so stark wie die SPD. Auch die Rechtsparteien legten kräftig zu: die DNVP von 10,3 auf 15,1 %, die DVP von 4,4 auf 13,9 %. Dagegen sank der Stimmenanteil der DDP auf 8,3 % (1919: 18,5) und des Zentrums auf 13,6 % (19,7). Die «Weimarer Koalition» hatte ihre Mehrheit verloren, und sie sollte sie während der gesamten Dauer der Republik nicht mehr wiedergewinnen. «Soweit die Novemberrevolution eine Demokratie unter Führung der sozialistischen Arbeiterschaft hatte aufrichten wollen, war sie im Sommer 1920, und zwar endgültig, gescheitert» (Arthur Rosenberg).

Zeittafel

1918

28.9.	Hindenburg und Ludendorff fordern sofortigen Waffenstillstand
3.10.	Das Kabinett Prinz Max von Baden wird auf parlamentarischer Grundlage gebildet
24.–28.10.	Verfassungsreform. Der Reichskanzler bedarf fortan des Vertrauens des Reichstags
26.10.	Entlassung Ludendorffs. Nachfolger wird General Groener
28.10.	Beginn der Gehorsamsverweigerungen bei der deutschen Hochseeflotte vor Wilhelmshaven
3./4.11.	Die Revolution siegt in Kiel
7./8.11.	Sturz der Wittelsbacher und Proklamation des «Freistaats Bayern»
9.11.	Die revolutionäre Bewegung erreicht Berlin. Prinz Max verkündet eigenmächtig die Abdankung Wilhelms II. Philipp Scheidemann (MSPD) ruft die Republik aus
10.11.	Bildung der Regierung der Volksbeauftragten aus je drei Mitgliedern der MSPD und USPD
11.11.	Unterzeichnung des Waffenstillstands im Walde von Compiègne
15.11.	Gründung der «Zentralarbeitsgemeinschaft» zwischen Arbeitgebern und Gewerkschaften
28.11.	Kaiser Wilhelm II. dankt formell ab
16./20.12	Der Reichsrätekongress in Berlin lehnt das Rätesystem ab und beschließt die Wahl zur Nationalversammlung am 19. Januar 1919
24.12.	Weihnachtsunruhen in Berlin
29.12.	Die USPD tritt aus dem Rat der Volksbeauftragten aus
30.12./1.1.	Gründungsparteitag der Kommunistischen Partei Deutschlands

1919

5./11.1.	Nach Entlassung des Polizeipräsidenten Emil Eichhorn (USPD) Unruhen und Straßenkämpfe in Berlin (sogenannter «Spartakusaufstand»)
15.1.	Ermordung der KPD-Politiker Rosa Luxemburg und Karl Liebknecht durch Freikorpsoffiziere
19.1.	Wahl der Verfassungsgebenden Nationalversammlung
6.2.	Zusammentritt der Nationalversammlung in Weimar
11.2.	Wahl Friedrich Eberts zum vorläufigen Reichspräsidenten
13.2.	Bildung der Regierung der Weimarer Koalition (MSPD, Zentrum, DDP)
21.2.	Ermordung des bayerischen Ministerpräsidenten Kurt Eisner (USPD)
9.3.	Schießbefehl des Reichswehrministers Gustav Noske; Märzmassaker in Berlin
7.4.	Ausrufung der Räterepublik in München
1./3.5.	Blutige Niederwerfung der Räterepublik in München
7.5.	Übergabe der Friedensbedingungen an die deutsche Delegation in Versailles
20.5.	Rücktritt der Regierung Scheidemann und Bildung der Regierung Gustav Bauer (MSPD), der die DDP nicht mehr angehört
23.6.	Die Nationalversammlung ermächtigt die Reichsregierung zur Unterzeichnung des Friedensvertrages
28.6.	Unterzeichnung des Versailler Vertrages
31.7.	Verabschiedung der Weimarer Reichsverfassung durch die Nationalversammlung
11.8.	Unterzeichnung der Weimarer Reichsverfassung durch Reichspräsident Ebert

Literatur

I. Quellen

a) Dokumente

Allgemeiner Kongreß der Arbeiter- und Soldatenräte Deutschlands. Vom 16. bis 21. Dezember 1918 im Abgeordnetenhause zu Berlin. Stenographische Berichte, Berlin 1919

Berlin, Jörg (Hrsg.): Die deutsche Revolution 1918/19. Quellen und Dokumente, Köln 1979

Das Kabinett Scheidemann. 13. Februar – 20. Juni 1919. Bearb. von Hagen Schulze, Boppard a. Rh. 1971

Der Gründungsparteitag der KPD. Protokoll und Materialien. Hrsg. und eingel. von Hermann Weber, Frankfurt/M. 1969

Der Zentralrat der deutschen sozialistischen Republik. 19. Dezember 1918 – 8. April 1919. Bearb. von Eberhard Kolb unter Mitwirkung von Reinhard Rürup, Leiden 1968

Die Regierung des Prinzen Max von Baden. Bearb. von Erich Matthias und Rudolf Morsey, Düsseldorf 1962

Die Regierung der Volksbeauftragten 1918/19, 2 Teile. Eingel. von Erich Matthias, bearb. von Susanne Miller unter Mitwirkung von Heinrich Potthoff, Düsseldorf 1969

Die Verantwortung der Mehrheitssozialdemokratie für die Morde der deutschen Gegenrevolution im Jahr 1919. Eine Dokumentation. Zusammengestellt und eingel. von Klaus Gietinger und Karl Heinz Roth, in: Sozial.Geschichte, H. 3 (2007), S. 82–102

Glazer, Ruth: Berlin zur Weimarer Zeit. Panorama einer Metropole 1919–1933. Mit einem Essay von Wolf Jobst Siedler, Berlin 2000

Groß-Berliner Arbeiter- und Soldatenräte in der Revolution 1918/19. Dokumente der Vollversammlungen und des Vollzugsrates. Hrsg. von Gerhard Engel, Bärbel Holtz und Ingo Materna, 3 Bde., Berlin 1993, 1997, 2002

Hirschfeld, Gerhard/Krumeich, Gerd/Renz, Irina: 1918. Die Deutschen zwischen Weltkrieg und Revolution, Berlin 2018

Preuß, Hugo: Politik und Verfassung in der Weimarer Republik. Hrsg. und eingel. von Detlef Lehnert, Tübingen 2008

Ritter, Gerhard A./Miller, Susanne (Hrsg.): Die deutsche Revolution 1918–1919. Dokumente, Frankfurt/M. 1968

b) Tagebücher, Briefe, Memoiren

Arbeiterführer, Parlamentarier, Parteiveteran. Die Tagebücher des Sozialdemokraten Hermann Molkenbuhr 1905 bis 1927. Hrsg. von Bernd Braun und Joachim Eichler. Mit einer Einleitung von Bernd Braun, München 2000

Baden, Prinz Max von: Erinnerungen und Dokumente, Berlin und Leipzig 1927

Die revolutionäre Illusion. Zur Geschichte des linken Flügels der USPD. Erinnerungen von Curt Geyer. Hrsg von Wolfgang Benz und Hermann Graml, Stuttgart 1976

Dittmann, Wilhelm: Erinnerungen. Bearb. und eingel. von Jürgen Rojahn, 3 Bde. Frankfurt/M.–New York 1995

Epkenhans, Michael: «Wir als deutsches Volk sind doch nicht klein zu kriegen ...». Aus den Tagebüchern des Fregattenkapitäns Bogislav von Selchow 1918/19, in: Militärgeschichtliche Mitteilungen Bd. 55 (1996), S. 165–224

Hampe, Karl: Kriegstagebuch 1914–1919. Hrsg. und eingel. von Folker Reichert und Eike Wolgast, München 2004

Kessler, Harry Graf: Das Tagebuch. Bd. 6: 1916–1918. Hrsg. von Günter Riederer unter Mitarbeit von Christoph Hilse; Bd. 7: 1919–1923. Hrsg. von Angela Reinthal unter Mitarbeit von Janna Brechmacher und Christoph Hilse, Stuttgart 2006/2007

Knüfken, Hermann: Von Kiel bis Leningrad. Erinnerungen eines revolutionären Matrosen 1917 bis 1930, Berlin 2008

Mann, Thomas: Tagebücher 1918–1921. Hrsg. von Peter de Mendelssohn, Frankfurt/M. 1979

Meyer-Leviné, Rosa: Leviné. Leben und Tod eines Revolutionärs. Erinnerungen, München 1972

Mühsam, Erich: Tagebücher (1910–1924). Hrsg. und mit einem Nachwort von Chris Hirte, München 1994

Müller, Richard: Die Novemberrevolution, Wien 1925

Retzlaw. Karl: Spartakus. Aufstieg und Niedergang. Erinnerungen eines Parteiarbeiters, Frankfurt/M. 1971

Troeltsch, Ernst: Die Fehlgeburt einer Republik. Spektator in Berlin 1918 bis 1922. Zusammengestellt und mit einem Nachwort von Johann Hinrich Claussen, Frankfurt/M. 1994

Wette, Wolfram (Hrsg.): Aus den Geburtsstunden der Weimarer Republik. Das Tagebuch des Obersten Ernst van den Bergh, Düsseldorf 1991

Wolff, Theodor: Tagebücher 1914–1919. Teil II. Eingel. und hrsg. von Bernd Sösemann, Boppard a. Rh. 1984

II. Literatur

a) Gesamtdarstellungen

Bernstein, Eduard: Die deutsche Revolution von 1918/19. Geschichte der Entstehung und ersten Arbeitsperiode der deutschen Republik. Hrsg. und eingel. von Heinrich August Winkler und annotiert von Teresa Löwe, Bonn 1998

Büttner, Ursula: Weimar. Die überforderte Republik 1918–1933, Stuttgart 2008

Gietinger, Klaus: November 1918. Der verpasste Frühling des 20. Jahrhunderts, Hamburg 2018

Haffner, Sebastian: Die deutsche Revolution 1918/19, München 1979

Illustrierte Geschichte der Deutschen Revolution, Berlin 1929

Käppner, Joachim: 1918. Aufstand für die Freiheit. Die Revolution der Besonnenen, München 2017

Kluge, Ulrich: Die deutsche Revolution 1918/19, Frankfurt/M. 1985

Kolb, Eberhard: Die Weimarer Republik. 2. durchgesehene und ergänzte Aufl., München 1988

Longerich, Peter: Deutschland 1918–1933. Die Weimarer Republik. Handbuch zur Geschichte, Hannover 1995

Mommsen, Hans: Die verspielte Freiheit. Der Weg der Republik von Weimar in den Untergang 1918 bis 1933, Berlin 1989

Niess, Wolfgang: Die Revolution von 1918/19. Der wahre Beginn unserer Demokratie, Berlin 2017

Platthaus, Andreas: 18/19. Der Krieg nach dem Krieg. Deutschland zwischen Revolution und Versailles, Berlin 2018

Rosenberg, Arthur: Entstehung der Weimarer Republik. Geschichte der Weimarer Republik. Hrsg. von Kurt Kersten, Frankfurt/M. 1961

Winkler, Heinrich August: Von der Revolution zur Stabilisierung. Arbeiter und Arbeiterbewegung in der Weimarer Republik 1918 bis 1924, Berlin-Bonn 1984

Winkler, Heinrich August: Weimar 1918–1933. Die Geschichte der ersten deutschen Demokratie, München 1993

b) Überblicksartikel

Schönhoven, Klaus: Die Revolution von 1918/19 in Deutschland, in: Peter Wende (Hrsg.): Große Revolutionen der Geschichte. Von der Frühzeit bis zur Gegenwart, München 2000, S. 208–224

Ullrich, Volker: Zwischen Zusammenbruch und Neubeginn: Die Revolution von 1918/19, in: Hans Sarkowicz (Hrsg.): Aufstände, Unruhen, Revolutionen. Zur Geschichte der Demokratie in Deutschland, Frankfurt/M.–Leipzig 1998, S. 125–142

Winkler, Heinrich August: Vom Kaiserreich zur Republik. Der historische Ort der Revolution von 1918/19, in: ders.: Streitfragen der deutschen Geschichte. Essays zum 19. und 20. Jahrhundert, München 1997, S. 52–70

Winkler, Heinrich August: Revolution als Konkursverwaltung. 9. November 1918: Der vorbelastete Neubeginn, in: Johannes Willms (Hrsg.): Der 9. November. Fünf Essays zur deutschen Geschichte, München 1994, S. 11–32

c) Biografien

Dankerl, Norman: Alois Lindner. Das Leben eines bayerischen Abenteurers und Revolutionärs, Viechtach 2007

Gietinger, Klaus: Der Konterrevolutionär. Waldemar Pabst – eine deutsche Karriere, Hamburg 2009

Grau, Bernhard: Kurt Eisner 1867–1919. Eine Biographie, München 2001

Hennig, Diethard: Johannes Hoffmann. Sozialdemokrat und Bayerischer Ministerpräsident. Biographie, München 1990

Hoffroge, Ralf: Richard Müller. Der Mann hinter der Novemberrevolution, Berlin 2008

Laschitza, Annelies: Im Lebensrausch, trotz alledem. Rosa Luxemburg. Eine Biographie, Berlin 1996

Laschitza, Annelies: Die Liebknechts. Karl und Sophie. Politik und Familie, Berlin 2007

Mühlhausen, Walter: Friedrich Ebert 1871–1925. Reichspräsident der Weimarer Republik, Bonn 2006

Nettl, Peter: Rosa Luxemburg, Köln–Berlin 1970

Seils, Ernst-Albert: Hugo Haase. Ein jüdischer Sozialdemokrat im deutschen Kaiserreich. Sein Kampf für Frieden und soziale Gerechtigkeit, Frankfurt/M. 2016

Trotnow, Helmut: Karl Liebknecht. Eine politische Biographie, Köln 1980

Wette, Wolfram: Gustav Noske. Eine politische Biographie, Düsseldorf 1987

Wieland, Lothar: «Wieder wie 1914!». Heinrich Ströbel (1869–1944). Biografie eines vergessenen Sozialdemokraten, Bremen 2009

d) Einzelaspekte

Bieber, Hans-Joachim: Gewerkschaften in Krieg und Revolution. Arbeiterbewegung, Industrie, Staat und Militär in Deutschland 1914–1920, 2 Teile, Hamburg 1981

Bieber, Hans-Joachim: Bürgertum in der Revolution. Bürgerräte und Bürgerstreiks in Deutschland 1918–1920, Hamburg 1992

Bollmeyer, Heiko: Der steinige Weg zur Demokratie. Die Weimarer Nationalversammlung zwischen Kaiserreich und Republik, Frankfurt/M.–New York 2007

Dähnhardt, Dirk: Revolution in Kiel. Der Übergang vom Kaiserreich zur Weimarer Republik 1918/19, Neumünster 1978

Deist, Wilhelm: Die Politik der Seekriegsleitung und die Rebellion der Flotte Ende Oktober 1918, in: Vierteljahrshefte für Zeitgeschichte 14. Jg. (1966), S. 341–368

Gietinger, Klaus: Eine Leiche im Landwehrkanal. Die Ermordung Rosa Luxemburgs, Hamburg 2008

Höller, Ralf: Der Anfang, der ein Ende war. Die Revolution in Bayern 1918/19, Berlin 1999

Jones, Mark: Am Anfang war Gewalt. Die deutsche Revolution 1918/19 und der Beginn der Weimarer Republik, Berlin 2017

Kachulle, Doris: Waldemar Pabst und die Gegenrevolution. Vorträge, Aufsätze. Aus dem Nachlaß hrsg. von Karl Heinz Roth, Berlin 2007

Karl, Michaela: Die Münchner Räterepublik. Porträts einer Revolution, Düsseldorf 2008

Kluge, Ulrich: Soldatenräte und Revolution. Studien zur Militärpolitik in Deutschland 1918/19, Göttingen 1975

Kocka, Jürgen: Klassengesellschaft im Krieg. Deutsche Sozialgeschichte 1914–1918, Göttingen 1973

Könczöl, Barbara: Märtyrer des Sozialismus. Die SED und das Gedenken an Rosa Luxemburg und Karl Liebknecht, Frankfurt/M.–New York 2008

Kolb, Eberhard: Die Arbeiterräte in der deutschen Innenpolitik 1918–1919, Düsseldorf 1962

Kolb, Eberhard: Der Frieden von Versailles, München 2005

Krause, Hartfried: USPD. Zur Geschichte der Unabhängigen Sozialdemokratischen Partei Deutschlands, Frankfurt/M.–Köln 1975

Krumeich, Gerd (Hrsg.): Versailles 1919, Ziele, Wirkung, Wahrnehmung, Essen 2001

Krumpholz, Ralf: Wahrnehmung und Politik. Die Bedeutung des Ordnungsdenkens für das politische Handeln am Beispiel der deutschen Revolution von 1918–1920, Münster 1998

Lange, Dietmar: Massenstreik und Schießbefehl. Generalstreik und Märzkämpfe in Berlin 1919, Münster 2012

Leonhard, Jörn: Der überforderte Frieden. Versailles und die Welt 1918-1923, München 2018

Lorenz, Thomas: «Die Weltgeschichte ist das Weltgericht!» Der VersaillerVertrag in Diskurs und Zeitgeist der Weimarer Republik, Frankfurt/M.–New York 2008

Luban, Ottokar: Demokratische Sozialistin oder «blutige Rosa»? Rosa Luxemburg und die KPD-Führung im Berliner Januaraufstand 1919, in: Internationale wissenschaftliche Korrespondenz zur Geschichte der deutschen Arbeiterbewegung Jg. 35 (1999), S. 176–207

Luban, Ottokar: Rosa Luxemburgs Demokratiekonzept. Ihre Kritik an Lenin und ihr politisches Wirken 1913–1919, Leipzig 2008

Lucas, Erhard: Märzrevolution 1920, 3 Bde., Frankfurt/M. 1970, 1973, 1978

Machtan, Lothar: Die Abdankung. Wie Deutschlands gekrönte Häupter aus der Geschichte fielen, Berlin 2008

Miller, Susanne: Burgfrieden und Klassenkampf. Die deutsche Sozialdemokratie im Ersten Weltkrieg, Düsseldorf 1974

Miller, Susanne: Die Bürde der Macht. Die deutsche Sozialdemokratie 1918–1920, Düsseldorf 1978

Oertzen, Peter von: Betriebsräte in der deutschen Novemberrevolution, 2. erw. Aufl., Bonn-Bad Godesberg 1976

Rürup, Reinhard: Entstehung und Grundlagen der Weimarer Verfassung, in: Eberhard Kolb (Hrsg.): Vom Kaiserreich zur Weimarer Republik, Köln 1972, S. 218–243

Schivelbusch, Wolfgang: Die Kultur der Niederlage. Der amerikanische Süden 1865. Frankreich 1871. Deutschland 1918, Berlin 2001

Ullrich, Volker: Vom Augusterlebnis zur Novemberrevolution. Beiträge zur Sozialgeschichte Hamburgs und Norddeutschlands im Ersten Weltkrieg 1914–1918, Bremen 1999

e) Forschungsberichte

Gallus, Alexander (Hrsg.): Die vergessene Revolution von 1918/19, Göttingen 2010

Grebing, Helga (Hrsg.): Die deutsche Revolution 1918/19, Berlin 2008

John, Jürgen: Das Bild der Novemberrevolution 1918 in Geschichtspolitik und Geschichtswissenschaft der DDR, in: Heinrich August Winkler (Hrsg.): Weimar im Widerstreit. Deutungen der ersten deutschen Republik im geteilten Deutschland, München 2002, S. 43–84

Kolb, Eberhard: Revolutionsbilder: 1918/19 im zeitgenössischen Bewußtsein und in der historischen Forschung, Heidelberg 1993

Niess, Wolfgang: Die Revolution von 1918/19 in der deutschen Geschichtsschreibung. Deutungen von der Weimarer Republik bis ins 21. Jahrhundert, Berlin/Boston 2013

Ullrich, Volker: Die Entmythologisierung der Räte, in: Archiv für Sozialgeschichte Bd. XXVII (1987), S. 673–679

Winkler, Heinrich August: Ein umstrittener Wendepunkt: Die Revolution von 1918/19 im Urteil der westdeutschen Geschichtswissenschaft, in: ders. (Hrsg.): Weimar im Widerstreit. Deutungen der ersten deutschen Republik im geteilten Deutschland, München 2002, S. 33–42

Personenregister